シェアNo.1の秘訣②

ブイキューブ

インフォグリーン

インターネット
イニシアティブ

イーパーセル

シャノン

エルテス

アマゾン データ
サービス ジャパン

財界研究所

もくじ

◆トップが海外にいる意義

第2章

CADパッケージ／文書管理システムシェアNo.1

インフォグリーン

◆東芝でSEを5年間
◆ソフトバンクの孫さんに電話
◆優秀な主婦と学生アルバイトを雇う
◆米国のCADソフトが世界を席巻
◆CADの国内市場は飽和
◆力点のバランスをいかにとるか
◆社会貢献活動に乗り出す
◆2つ目の会社の創業
◆IT負荷を減らす取り組み
◆文書作成の負荷を減らすDITA規格
◆日本で随一のDITAデータベース「Dante」

◆第一次「ASP」ブームで転機
◆実はベンチャー向きではないクラウド・ビジネス
◆セキュリティ問題で逆に普及に拍車
◆「セミナー向けソフト」でクラウドに転換
◆ワンストップの「統合システム」へ
◆海外進出など、今後の戦略

第6章 エルテス

WEBリスクマネジメント サービス シェアNo.1

◆ゴールドラッシュ時にゴールドで儲けた人はいない
◆検索エンジン最適化を逆さまに利用
◆ネット「炎上」対策へ
◆シーザー（カエサル）に影響を受けた
◆「炎上」「風評被害」とハッカー問題は異質
◆日本と欧米の「炎上」の違い

はじめに

2013年12月、喜ばしいニュースがリリースされた。当組合の経営講座「シェアNo.1の秘訣」第8回に講師として登壇した間下社長のブイキューブ上場のニュースだ。同社はインテルの出資やシンガポールに営業拠点を置いたアジア各国への販売など、すでにグローバルに事業展開しており益々の発展を期待したい。

「シェアNo.1の秘訣」第2巻では、このブイキューブ間下社長をはじめ30代の若手が4人登場する。シャノンの中村社長、エルテスの菅原社長、そしてアマゾン データサービスから玉川技術本部長。

シャノンは、クラウド型ソリューション「SHANON MARKETING PLATFORM」は、マーケティング管理分野におけるベンダー別出荷金額推移およびシェアで1位を獲得。同分野での1位獲得は3年連続。

また、菅原社長が率いるエルテスは、今日のネット環境の急速な進展を読み、独自開発商品としてはじめて「誹謗中傷対策」の提供を開始して以来、SNSやブログ、検索サイトなどWEB上の様々なメディアに起因する企業リスクを回避、低減するための「WEBリスクマネジメント」サービスを提供し、この分野でトップシェアだ。

そして、1992年、日本で初めてインターネットの商用化を目的とした会社として設立、以降日本のインターネット業界をリード。顧客企業数8500社でトップシェアのインターネットイニシアティブからは保条専務にご登場いただいた。

米国において電子データ配信サービスの分野で、グーグルやヤフーにライセンスしていることで、話題を呼んだ北野社長のイーパーセルは、この特許をベースにした技術力を背景に国内において自動車、医療分野のシェアを拡大中だ。

当組合初代の理事長でCAD市場が活況であった当時、機械系CADソフトでトップシェアを確保、日本のCAD技術者認定制度を作り上げたインフォグリーンの竹原社長には、CADから他分野の移行と今後の事業展開についてお話いただいた。

ここで、触れておきたいのは、シェア№1の対象に外資系企業のアマゾンデータサービスに参加いただいたことだ。

同社は、ワールドワイドのIaaS/PaaS型クラウドサービス(金額ベース)で、圧倒的シェア№1。このサービスを使いこなせば、SIerが入ったサイジングだの運用サービスだのは不要になり、パッケージ製品やサービスが安価に簡単に使用できる。

全国の中小企業は顧客として、ＩＴベンチャーはサプライヤーとして直に取引、利用が可能となる、しかも低料金、短期間で。という訳でＩＴベンチャーの強力な味方という観点から参画をお願いした。

なお、この7社以外にもすでに「シェア№1」としてこの企画への参画を表明していただいている企業も数社有り、第2巻に続き第3巻の発刊も予定している。

最近、若い優秀なベンチャー企業が米国の先進ＩＴ企業に買収されたニュースが業界で話題になった。大企業偏重の産業政策が今も続く我が国では、ＩＴベンチャーの活躍の場は限られている。日本のベンチャー企業は、このようにグローバル企業と連携する機会をつかみアジアそして世界の「シェア№1」企業として本シリーズに登場する日が来ることを期待する。

２０１4年1月

日本ＩＴ特許組合　事務局長　生野糧作

ブキューブ

ビジュアルコミュニケーションサービスとは

われわれブイキューブは、ＷＥＢ会議に代表されるビジュアルコミュニケーションサービス事業を展開している。ＷＥＢ会議市場では、６年連続シェアNo.１を確信し、主に企業・教育機関・官公庁などでの利用が進み、導入企業数は４０００社を超えている。

ブイキューブのビジュアルコミュニケーションサービスは、「いつでも」「どこでも」「だれでも」使える、をコンセプトに、ユーザーのパソコンあるいはスマートフォン、タブレット端末等のデバイス端末から、インターネットを通じて、遠くの相手とお互いの顔や資料を共有しながら遠隔会議を行うＷＥＢ会議サービス、あるいはＷＥＢセミナーに代表される、文字や音声だけでなく、映像も含めたコミュニケーションサービスである。

クラウド型で利用されることが多くなり、利用の範囲も国内での社内利用に留まらず、国外との会議や打ち合わせ、社外のお客様への営業やサポートに広がっている。今後、利用シーンはますます広がっていくだろう。われわれも市場の啓蒙に、引き続き力を入れていくとともに、アジア・ナンバーワンを目指して事業を加速していく。

大学時代にアルバイトでWEBサイトの制作

ブイキューブの創業のきっかけは、大学時代のアルバイトにある。

高校時代は体育会系の水泳部で朝から晩まで泳いでいた。そのため、アルバイトはしたくてもできなかった。

慶應義塾大学理工学部に進学し、アルバイトをしたいと考えた。それも、面白そうなアルバイト。自分の力が試せるような、自分でできることはないかと探していた。

そんな時、たまたま、WEBサイトを作ってみないかという誘いがあった。

1996、97年頃のことで、当時はWEBといってもまだ、世の中でインターネットが始まったばかりの頃で、技術のレベルも低かった。

WEBサイトも、今のような素敵なデザインのものとは比べものにならないぐらい貧弱なものだった。素人の私が本を買ってきて勉強し、作ったもので納品して認められるレベルだったのだ。

片やプロと呼ばれる人たちは、同じようなレベルのものでしかないのに、プロということだけでかなりの金額を稼げた時代だった。誘いを受けて2週間頑張って勉強してつくったＷＥＢサイトは、約20万円の稼ぎになった。

学生で、１カ月足らずの仕事で20万円いただいたというのは大きかった。だが当時、これと同じものをプロに頼むと、２００万円はしただろうと思う。

要は、まだ世の中にＷＥＢサイトが一般的ではなかった。周辺情報も少なかったので、作るほうは高い金額を要求することができたのだと思う。

私の仕事は、学生の分際でもあるし、そもそも向こうから安くやって下さいと誘われた話なので、それを請けただけだった。

それからしばらくして、某保険会社が日本に進出してきたとき、彼らのＷＥＢサイトの仕事を請けることになった。

某保険会社ならお金がありそうなので、では50万円ぐらいでどうか、と見積を出した。彼らは当然のことながら、コンペを行っており、競合がどれくらいの金額を提示しているかを後から知ることができた。すると何と、大手の広告代理店などが１千５００万円や１千万円という金額を提示していたので腰を抜かした。当時は、ＷＥＢサイト制作に対する対価としてそれくらいの金額が要求されていたのだ。
私は、ビジネスの世界での金銭感覚などまだ分かっていない学生だったので、大きく出て50万円でいってみようという感じだったから、仕事を簡単に取ることができたわけだ。

結局のところ、大手企業がこの手の仕事を取っても、自社で制作はできないので、こうした仕事は全部、下請けになる企業が行うことになる。そういうことが発注者の企業側もやがて気がつき、だんだん、WEBサイト制作の仕事は、直接、私のところに話が来るようになった。

私が最初から、下請け、いわゆる受託の仕事をやることにならなかったのは、最初の紹介者のおかげだった。そこから、いろいろなつながりで仕事が増えていった。仕事を始めたタイミングもよかったのだと思う。

当時のWEBサイト制作といった事業は、全ての人にとって未踏の分野であり、市場価格も確立されておらず、競争するにも相手が分からない。適当と考える値段を提示したら仕事を取れてしまった。入り口はそれだけだった。

アルバイトを始めた頃、私は一人で仕事をしていた。

コンピューターに慣れ親しんだ幼少期

実家にはいろいろなパソコンが置いてあったから、コンピューターには小さい頃から慣れ親しんでいた。

それは、父がＩＢＭに勤めていたからだ。そういう意味で、父からは影響を受けている。

確か、初めて実家に来たパソコンは、景気が悪かったＩＢＭがボーナスの代わりに現物支給したものだった。もしそれがなかったら、今の私はなかったかもしれない。

大学での学業の傍ら、1年生の後半から始めたＷＥＢサイト制作のアルバイトは、だんだんお客様が増えていったので、私1人では仕事で手が回らなくなってきた。

そこで、手伝ってくれる友人を集めることにした。集めた友人たちが仕事をやっているうちに、友人が友人を呼びどんどん人数が増えた。やはりそうなってくると、会社を作らなくてはいけないと考えるようになった。それまでは、きちんとした会計帳簿もなかった。それこそ、ミーティングのために集まったファミリーレストランで、給与を手渡ししていた。このままではダメだろう、ちゃんとやっていこうと考えて、

1998年10月に有限会社を作った。3年生の後半のときだった。

当時の社名は、有限会社ブイキューブインターネットといった。会社立ち上げのときのメンバーは約10人。会社と言っても、役員とアルバイトという身分の社員しかいない。給料は出来高払い。オフィスもなく、自宅か学校で仕事をしていたから、普通の会社の体は成してはいない。しかし入ってくる仕事は最初の50万円から、次第に100万円などと、だんだん、大きな金額になっていった。例えば100万円の仕事があって、それに3人が関わっていると、経費を差し引いて、だいたい5、6割が手元に残り、皆に分配していた。

なぜオフィスが無かったかというと、当時のインターネット回線は今のように接続し放題ではなく、従量課金だったということが大きい。一律料金で使えるインターネット回線として、「テレホーダイ」という夜中は利用できる回線があったが、昼間は回線費用が高くなってしまうので、学校でよく仕事をしていた。授業をする教室には当時から回線が敷かれていて、学生は使い放題だったからだ。

大学の授業にはちゃんと出席していた。在学中に事業を始めたりすると、大学を中退したり留年したりするケースが多いとも言われるが、自分で言うのも変だが、この会社に関わった人間で中退した人は一人もいないことは、ちょっとした誇りでもある。この仕事に関わった人は全員、毎年進級し、卒業した。中には私のように大学院にまで進んだ人もいる。どれくらい熱心に勉強したかどうかは別として、授業にはちゃんと出ていた。

良かったのは専攻課程の先生が理解のある方だったこと。これは専攻を選ぶときにそういう先生を選んだからだ。この方は松下温先生と言い、一度、企業を経験し、大学で教鞭をとっていた。今は退官され、当社の株主になっていただいている。

先生によっては、研究を真面目にやれと言って、学生が起業をすることを望まないケースもあるらしいから、いい先生を選ぶことは学生ベンチャーに関しては大きい。

就職するか会社を続けるかの選択

会社には2002年に慶應義塾大学も資本参加している。大学が、学生が立ち上げたベンチャー企業に資本参加することは、日本で初めてだった。

会社は成長を続け、2001年に有限会社から株式会社に移行した。当時は大学院で修士課程1年目の終わり頃。一般的には就職活動をするぐらいのタイミングだったこともあり、この頃が就職するか本格的に起業するかどうかを選択するタイミングだった。

それまで、実は、私は就職しようかとも思っていた。慶応義塾大学の研究科に進んだ院生は、たいてい大企業に就職していた。当時の私の周りも、皆そうだった。資本金300万円の有限会社をやっていこうとするのは自分だけだった。しかし、これまでの仕事を通じて、大企業の中の様子がだんだんわかるようになってきており、また将来のことを真剣に考えると、この会社を事業として育てていくことも一つの選択肢だろうと考えるようになった。そこで株式会社化をして、本格的に事業を行っていくことを決断した。

それまでは、自分で頑張ったことに対してお金がもらえること、やったことがダイレクトに評価されることが面白いと思っていた。その代わり、自分が全ての責任を負わなくてはいけない。自分だけだから、リターンが分かりやすい。大企業の一員となると、10万人や1万人の中の1人になるので、評価にも時間がかかる。

総合的に考えて、外の人に評価いただいたり、喜んでもらうことの面白さ、その変化がよくわかるので、ベンチャー企業のほうが仕事のやりがいが得やすいと思った。そういう表向きの面と、実際のところは既に社員もいたので途中では止められないという事情もあった。それで会社をやっていくことにした、というのが本当のところだ。

転機は03年の米国進出

当社にとって、今のビジュアルコミュニケーションサービス事業に切り替わる転機は2003年頃に訪れた。この年、米国にオフィスを開いた。

その頃、今ではガラケーと呼ばれる携帯電話に出荷時から組み込まれているアプリケーションを多く手がけていた。米国の拠点は、日本で販売が広がっているアプリケーションソフトを米国に売り込もうとしてつくった拠点だ。そして、この時、日米の拠点間でコミュニケーションする手段に困ることになった。

米国に毎月行ったり来たりするのは骨が折れるし、コストもかかる。電話やメールでやりとりしているとラチが開かないことが多かった。そこで、TV会議システムのハードウェアを買おうとしたら、値段がとても高いので買うことができなかった。それならば自分たちでなんとかしようと考えて作ったものが今、当社の主力となっているＷＥＢ会議サービスの始まりとなる。システム開発期間は約1カ月間だった。

こんなことが簡単にできたのは、会社に優秀な技術者がたくさんいたからだ。

構築したシステムを自分たちで使っているから、この部分はもっとこうした方がいいという修正が加わり、どんどん改良される。だから機能が次第に洗練されていき、最終的に非常に使い勝手がいいサービスになった。これを外販したら売れるのではないか、ということに気がついたのが04年だった。

遠隔のコミュニケーションシステムとして主流だったＴＶ会議システムは、基本的にはカメラやモニター、映像と音声をやり取りするための専用回線などのハードウェアのセットが中心となる製品だ。１セット何百万円もするのが一般的。有力メーカーが存在する市場は、世界に広がっていた。

だからＴＶ会議システムは大企業が導入するにはいいだろうが、われわれのような中小・零細企業が導入することはとてもできない。

パソコンやタブレット端末を動かしてＴＶ会議のようなことが行えるようにするＷＥＢ会議のソフトウェアも、世の中にあることはあったが、使い勝手、映像や音声の品質があまり良くなかった。何とか動く、というお粗末なレベルだった。われわれが参入することになったのは、このＷＥＢ会議の市場になる。

これは日本のインターネット黎明期に、ＷＥＢサイト制作に私が一人で参入したときと状況が似ていた。まだまだ成長途上の業界で、ブランドがあり洗練されたサービスがあるわけではなく、後発でも簡単に参入はできた。ただし今度は市場が世界規模だ。

当社のサービスの強さの源泉は、まさに自分たちが、日々使っているところにある。使っているからこそ分かる不便な部分には絶えず改良が加えられていっている。

私自身、多いときには1日5時間、使用している。社内のメンバーだけではなく、各国のいろいろな人たちとやりとりするときにも使っている。

04年から始めたサービスの販売は、提供形態にもこだわった。１システム５００万円～１千万円などに価格設定すると高額すぎてユーザーが限られてしまう。これでは従来のＴＶ会議システムのハードウェア販売と変わらないので、われわれのような中小企業でも購入できるよう、最初から月額課金のＡＳＰ型、最近で言えば、ＳａａＳやクラウド型と言われるサービスの形で提供するモデルで売り出した。

実は、この市場では、当社は業界のプレーヤーとしてはほぼ、最後発に近かった。しかし発売から2、3年でトップシェアに駆け上がった。

ユーザー視点の強さ

販売を開始した当初、当社の競合は、大手ＩＴ会社グループの子会社などだった。なぜそうした大手グループを押し退けてトップになれたか。

一つは、サービス開発の視点が、完全にユーザー視点だったことが大きい。大手ＩＴ会社グループの子会社などでは、研究所などで開発された技術が最初にありきで製品やサービスの開発を始めることが多い。この違いは大きい。自分の会社にはこういう技術があるから、これをどうやって商用化しようか、ということばかり考えている。インターフェースの考え方も、技術がよければ自然に売れると思っている製品やサービスが多い。

だが、実際に製品やサービスを使うのは技術のことなど詳しくは知らない一般の人たちだ。この人たちに使ってもらわなくては、世の中に広まらない。世の中の普通の

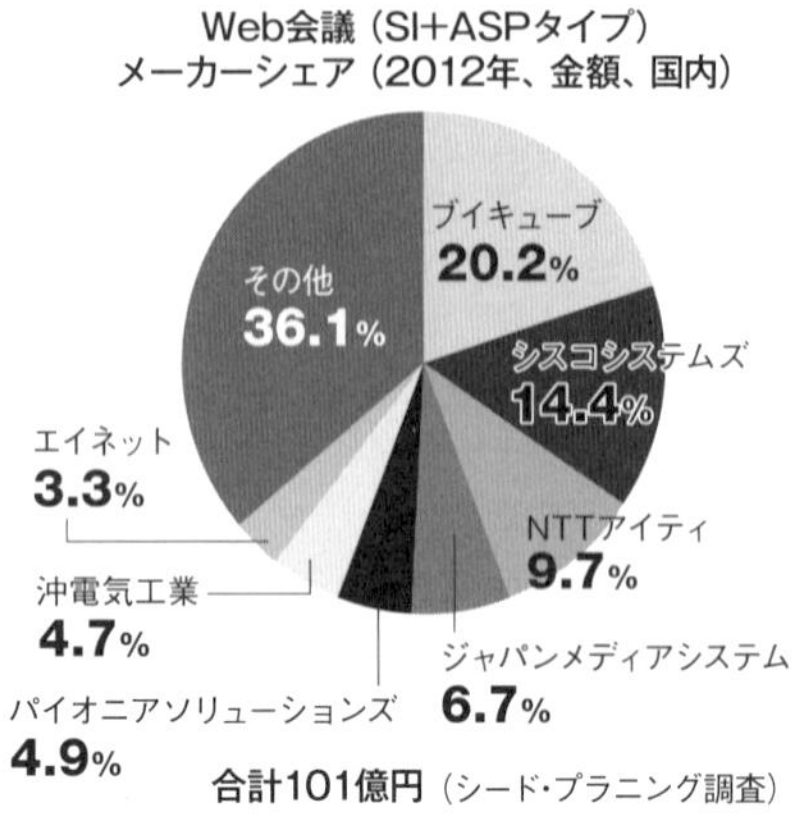

合計101億円（シード・プラニング調査）

人たちは、パソコンについて詳しくもないし、詳しくなりたいとも思っていない。機能が増えた製品などより結局、見た目を選ぶ。同じジャンルで少し性能がいい商品と、見た目がいい商品が並んでいたら、見た目がいいほうが必ず選ばれる。

たとえば、WEB会議では、映像の品質が少し良くなってもプロではない限り見分けはつかない。しかし使い勝手の良し悪しは一般の人でも使ってみればわかる。

だから、われわれが提供するサービスでは、ある程度の技術的クオリティを確保できたら、あとは使い勝手を重視した。そして、いかに見栄えがいい製品にするかに努めた。何も分からない人が、簡単に使える製品、サービス。そういう要素を重視した。使い勝手と見栄えの良さ。この2つの要素を重視すると、その製品、サービスはお客様から必ず選ばれる。

他社のものと値段は大して違わない。企業が支払うのは月々数万円というレベルだ。値段が変わらないなら、少しでも使い勝手と見栄えがいい方がいい、となる。デザインと技術のバランスをどう取るか。技術だけでは駄目だし、かといって技術がなくても駄目。そこのバランスを取れる会社は少ない。技術主導でいくと、どうしても技術がいいほうを優先するようになる。

このバランスを取っている会社は強いのではないか。

デザイナーがCTO

当社のCTO(最高技術責任者)は元デザイナーだ。情報工学科の出身で、デザインは今でも彼が統括している。入社したときはデザイナーとして入社した。工業デザインが好きだったからだ。しかしバックボーンとなる学生時代の専攻が情報工学であることが途中でわかったので、「プログラムを書けるならやってくれないか」と頼み、プログラマーに変更したという変わり種だ。

当時は技術部門は2ヘッド制にしていたが、その2人とも、もとはデザイナーだ。

２人ともいまも在籍しており、２人で技術とデザインの両方を見ている。

このほかに当社にはデザインチームがいて、当社サービスのインターフェースの監修などをしている。ここの部分の出来の良し悪し、見た目の良さはけっこう販売面に影響する。最初にお客様を引きつけるところになるだから。

使われるお客様は技術的には素人だから、最初に「使えそうな気がする」という印象を持たれることが、売れる製品、サービスのかなり大きな要素となる。

映像の圧縮技術などは、各社で取り入れる技術が違っていても、基本は同じ発想によるもので、技術レベルにはあまり違いはない。ただそれをどうデザインしていくか、お客様のサービス利用の流れをどうするか、スムースにサービス利用に進めるための画面表示をどうするか、お客様の利用環境を想定してどのレギュレーション（外部環境の基準）に合わせていくか。そのノウハウの集成で成り立っている。

これは、お客様がどういう使い方をしているのかという情報が重要なポイントだ。お客様の数が多ければ多いほど、その情報も蓄積されるので、その情報の質と量を押さえているかどうかで製品、サービスの良し悪しに大きな差が出てくる。

われわれがこの分野でシェアNo.１となったのは２００７年のことだ。

その時点から起きている特徴的なことの一つは、われわれのサービスを導入いただいているお客様の数が右肩上がりに増え、規模がどんどん大きくなって、競合との差が開いていることだ。いまこの分野で当社に次いで実質第2位の会社は多分、われわれの三分の一もない規模になっている。その会社はある大手IT企業グループの子会社であるのに、それだけ差がついている。

こうなってくると、投資できる金額の桁も違ってくる。われわれが展開しているのはWEB会議を始めとしたビジュアルコミュニケーションサービスという1つだけ。そこに、資金と時間と人手を掛けたもののほうが、当然、できることは多くなる。もちろん無駄なことをやったら話は別だが、規模が大きいところと、そうでないところの両者が、共に、きちんとやるべきことを同じようにやったとしたら、規模が大きいほうが勝つに決まっているのだ。

そのやるべきことというのは例えば、iPad等タブレット端末へのサービス対応など、ITの新しい潮流への対応や、新しい機能の開発などだ。スピードある細やかな対応の積み重ねで、2位以下の会社の製品、サービスとの差はさらに開いてくる。この差があれば、価格が同じだったら、選ばれる製品、サービスはどちらが選ばれるかは自明の理だ。

だから最初に顧客情報をたくさん持っていた会社のユーザーはどんどん増えていく。するとまた差がどんどん開くことになる。

このように、ＳａａＳやクラウドの分野での競争は、非常にゼロサム・ゲームになりやすい特質を持っている。

いったんその分野で負け組に入ってしまうと、その企業はさらに厳しい状況に陥っていく。だから後は、そういう企業同士の統廃合が続いていくことになる。

ＩＴのＯＥＭ戦略

では大手企業グループの子会社なのに、その資本力にモノを言わせるという手になぜ出ないのか。基本的に彼らの親会社は、子会社、孫会社でやっている、しかも規模の小さいような事業には、本気で資金を投下してくるということはないのだ。こういうニッチで、市場規模がまだ大きくないＩＴサービスの分野に大手企業グループが参入してうまくいった例はほとんどない。それは親会社が本気を出せないからだ。市場も技術もどんどん変わっていくから、どう予算配分すればいいか親会社で管理する立場からは判断がつかない。現場で柔軟に対応して、自由に意志決定していくような事業構造ではないからだ。しかも親会社の規模から見ると、この市場は小さい市場に見えてしまうので、優秀な人材も割きにくいだろう。

だから連結社員数が220人のベンチャー企業である当社が、彼らと戦って絶対に勝つことできると言い切ることができるのだ。

そして最近、われわれが行っているのは、そういう競合の大企業と組んだOEM(相手先ブランドによる生産)のようなことだ。

当社はOEMのようなことを実はかなり前からやっている。基本的に提携できる企業とはそのように組んでいく考えだ。前述にあった、当社とは競合関係にある大手IT企業のグループ会社があるが、同じグループの別会社と、当社は提携している。今、当社の製品を販売しているパートナー企業で一番大きいところはその大手IT企業のグループ会社だ。

なぜ、そんな戦略を立てているかというと、大手企業グループが良い顧客を抱えているのは、変わらない事実からだ。

ＷＥＢ会議などビジュアルコミュニケーションサービスでの競争ならば間違いなく当社が選ばれるだろうけれども、その他の社内システムとの連携があるので別のところにする、というケースがやはりありえる。そういうケースを想定して、われわれは大手企業グループと手を組むこともどんどん進めている。これは結果的に当社のブランド力を補完することに繋がるのだ。

「公共性を担保する」ための上場

２０１３年12月10日、当社は東京証券取引所マザーズ市場に上場した。当社ぐらいの規模の会社にとって、知名度をいかに上げていくかは大きな課題でもあり、この上場の狙いとして、知名度の向上は当然あったが、それよりもむしろ、この上場は当社の「公共性の担保」という面から、非常に重要な取り組み課題だった。

それは当社がこのビジュアルコミュニケーションサービスのビジネスを、将来はインフラビジネスにしていきたいと考えているからだ。

そのためには、いかに広くサービスを普及させていくかが重要な鍵になってくる。

今、さまざまな会社で膨大な数の会議やセミナー、その他のイベントが、当社のサービスを利用して行われるようになった。ある日突然、このサービスが止まったらどうなるか。たとえば国際会議ができなくなったり、学校や塾の授業ができなくなったりして、ニュースとして報道されるまでになっているだろう。

そのサービスは無くなると困るが、普段は意識せずに使っている。そういうインフラとなる存在にしていきたいと考えている。その観点からずっと上場を考えていた。

上場すれば、お客様から「このサービスを使って大丈夫なのか」といった心配をしてもらわなくて済む。サービスを提供している会社の内容が十分にディスクローズされることで一層の公共性が担保され、お客様が安心して使っていただける環境づくりを進めている。

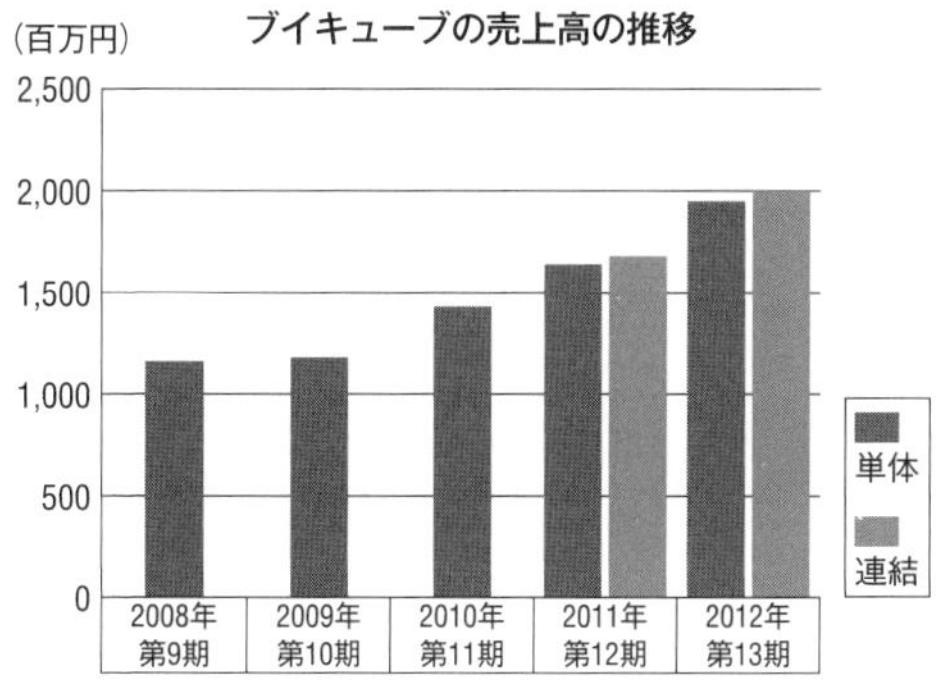

公共で、インフラと言われる存在になるには、電話とまではいかなくても、それに近い存在にもっていくことが必要。いかに気楽に使ってもらい、普段当たり前に使ってもらえるか。ビジネスの基盤、生活の基盤にしてもらえるか。例えば医療分野であったら、医療従事者が利用するＩＴ基盤の一つにこのサービスがあるまでにしていく。そういった分野をどう増やしていけるかが、今後ますます重要だ。

海外展開

企業のグローバル化が進展しており、グローバル対応は当然、進めなくてはいけない。日本国内だけでなく、海外でも問題無く使えるＷＥＢ会議サービスのニーズは高まる傾向にあるからだ。

当社は今、シンガポールにアジアのサービス展開を進めていくための拠点を置いている。私や当社のＣＴＯは今、シンガポールに住んでおり、シンガポールで活動している。

われわれの海外売上げ比率は現在、全売上高の10％程度だが、これからどんどん伸ばしていきたい。２０２０年にはこの比率を４割ぐらいにまで持って行きたいと考えている。２０１３年１月からシンガポールに私が住み始めたのは、海外市場への展開の本気度を全社に示すためでもある。

海外では、われわれはほぼ１００％、現地化を進めている。進出が難しいといわれている中国でも、現地企業にもしっかり食い込むことができている。ちなみに、香港の会社の親会社は当社のシンガポールの現地法人になる。

今、世界のＷＥＢ会議サービスの分野を俯瞰すると、市場の勢力は大きく二つに分かれている。日本勢と北米勢だ。

北米市場は以前から巨大市場で、日本が１００億円に満たない程度とすると北米市場は１０００億円規模だ。その特徴は、北米では「電話会議」が、ビジネスのツールとして当たり前に利用されている文化であったことが原点になっていることが挙げられる。ＷＥＢ会議は、電話会議を補完する、資料を共有するツールとして生まれた。既に普及が進んでいた電話会議の市場が元になっているので、市場の拡大が進んだのだろう。

北米勢による日本市場への参入も増えているが、機能競争では差がつきにくいので、日本勢であるわれわれは、ユーザービリティ(使い勝手)やサポート力で勝負している。

われわれの強みの1つとして、アジア各国にネットワークインフラを持っていることが挙げられる。各国にデータセンターを持っており、それらを専用線で結んでいる。そうしているのは、国際間のインターネット回線は、ビジュアルコミュニケーションサービスを利用する上では、必ずしも安定していないからだ。お客様からの国際利用における利便性向上を望む声を多く受け、われわれがお客様にお使いいただけるネットワークインフラを保有している。お客様の利用環境にまで踏み込んでいる競合はほかにはない。

米国勢の競合でもこれだけの専用回線網をアジアに持っているところはない。だから今、多くの日本、アジアの国際企業がわれわれの回線を使うようになってきた。

アジア市場での強み

われわれにとって、北米勢の競合は、IT系の巨大企業だ。

彼らは、ＷＥＢ会議の事業だけでも売上高はわれわれより一桁大きい。前述した、規模の論理からすると、単純に考えればわれわれの方が負けてしまう。ところが、ここでわれわれが負けていないのは、コミュニケーション文化の違いやビジネスにおける文化の違いが大きい。

日本には、米国と異なり、もともと電話会議というものはなかった。国土が広大なわけではなかったし、電話を使って複数拠点を結んだ音声だけの会議で経営判断をする習慣はないからだ。電話会議の文化は、英語という言語の特性や米国の文化に由来するのかもしれない。英語では表現がはっきりしているし、多国籍文化なので、相手の顔色をうかがうとか、空気を読むということはしない。

相手の顔色をうかがい、空気を読む文化は、日本だけではなく、アジア全般にそうだ。だから電話会議は、日本だけでなくアジアにもあまり馴染まないだろう。アジアは電話会議ではなく、相手の表情が見えるコミュニケーションサービスが合う文化だ。そして、日本勢であるわれわれが作り上げてきたサービスは、まさに、音声だけでなく、相手の表情まで見え、空気感を共有できることに重点を置いている。

また、ビジネスの進め方としての違いもある。もともと、米国におけるＷＥＢ会議は電話会議のサポートをするツールというのがスタンダード。しかし、アジアにおいて好まれるコミュニケーションは、そのスタンダードとは異なってくる。

われわれはその点で、アジア市場では米国勢より非常に有利だ。

米国勢は資金力があるから正面対決では正直、勝てない。だが、アジア各国の市場には、それぞれ独自の文化や商習慣があり、北米勢のスタンダードだけでは市場開拓ができないところがたくさんある。各国の言葉で利用でき、それぞれの文化に合った使い方ができるように細やかなサポートができるわれわれは、勝負ができるのだ。

トップが海外にいる意義

ベンチャー企業の海外市場開拓はなかなかうまくいかないケースが多いと言われる。

それは、海外市場にどれだけのプライオリティを置いているかの問題だと思う。海外こそ、日本以上に力を入れなかったら、そもそも市場開拓などできるわけがない。商習慣も文化も異なる場所で、ゼロから市場を開拓して行かなければいけないのだし、日本にいたら、すぐには信じられないようなことも多く発生する。でも、そこに対応していかなければ、市場は開拓できないのだ。

社長である私が海外にいて、トップダウンで海外案件の対応をしていくことで、日本の市場を開拓する本社も、だんだん海外市場のことを考えるようになってきた。

シンガポールに住んでいるからといって、私は本社を日本から海外へ移す考えは持っていない。人口減少が始まっているといっても、アジアの他の地域と比較すると、日本の市場は大きい。

企業として、世界を相手に戦っていくならば、日本にある本社が海外のことを自然に考えられるようになる状態「本社のグローバル化」に持っていくことが、まずは大切なポイントだ。

（間下直晃・ブイキューブ社長）

間下直晃
ブイキューブ社長

略歴　ました・なおあき　1977年12月生まれ。東京都出身。2002年慶應義塾大学理工学研究科開放環境科学専攻修了。在学中の98年に有限会社ブイキューブインターネットを設立、代表取締役社長に就任。01年株式会社化、06年現社名に変更、13年12月東証マザーズに上場。

インフォグリーン

東芝でSEを5年間

私の母方の実家は、京都で小さな機械メーカーを経営している。繊維関係の機械では一時、その分野で世界シェアが50%までいったメーカーだ。

母方の祖父が発明家だったので自分で特許を取って町工場をつくった。

今でも、母の弟に当たる叔父が継いでいる。竹原機械研究所といって、化学繊維の材料をカットする専門の機械などを作っている。

父は婿養子だが、建築家だったので、家には建築の製図がたくさん置いてある環境で育った。

私は子どものとき、ラジコンの模型飛行機が趣味だった。一緒にやっていた人がラジコン飛行機の競技で世界チャンピオンになったほどだ。

私も模型飛行機を自分で設計して、小学校の1年生から大学卒業するまでのあいだに総計60台作った。

大学は京都大学。大学院まで通い、コンピューターの画像処理の研究を行った。1978年修了。京大にはすでに何台ものミニコンが教室にあった。当時は1台何億円もするものだ。

その後、パソコンが出始めるころに、東芝に入社した。

東芝では5年間、ダムや河川の管理などの関係のSE（システムエンジニア）をした。

実家が会社経営しているので、いずれそこを継ぐか、あるいは自分で何か会社を興すことを考えていた。

パソコンの黎明期に知り合いがパソコンショップを始めた。彼がある日、パソコンを使って何か図面を書けないかと話を持ちかけてきた。

というのも私はいずれパソコンがもっと進化したら、CAD（コンピューター支援設計）もパソコン上で動かすことができるようになるだろうと考えていたので、人からもらった8ビットのパソコンを、家で1年ぐらいかけていじくり回して、一人でCADまがいのソフトを作ってみた。

一応、絵を描くことができたのだが、当時のパソコンは演算処理速度が遅く、全く実用には向かなかった。

ただそれをCADの専門家に見せたところ、非常に驚いて「これはすごい」と言われた。

そう言われて、その気になってしまい、ではパソコンのＣＡＤで会社を興そうと考え、独立したのが１９８３年だった。

ソフトバンクの孫さんに電話

ちょうどその前後から、16ビットのパソコンが世の中に出てきた。16ビットのパソコンならば、８ビットでは遅すぎて実用にならなかった図面の表示もスムースに動かせるようになる。

自分が作ったＣＡＤのソフトを、当時、出たばかりのＮＥＣの16ビットパソコンＰＣ98に移しかえたら、何とか使えるレベルになった。

それで会社を立ち上げることにした。

会社を立ち上げて半年後の83年10月に、「ＣＡＤＰＡＣ」というパソコン用のＣＡＤパッケージソフトを世に出した。

このソフトは従って、１年くらいは会社に勤めながら夜中につくったものだが、それを約半年かけて16ビットに移植したものだ。

その起業ができた裏には、ソフトバンクの孫正義氏が関係している。

当時私は東芝のサラリーマンで、起業とするにも人脈も何もなかった。仕方なく、当時有名になりつつあったソフトバンクに、公衆電話からいきなり電話をした。82年の暮れ頃だ。

「東芝の者です」と言うと、孫さん本人が電話口に出た。ソフトバンクはその頃はまだ会社ができて2年目ぐらいだった。

「実は私はこれから東芝を辞めてCADの会社をつくろうと思っています」と言うと、孫さんは唖然としたようだが、「分かりました」と言って会ってくれることになった。

その孫さんからいろいろな人を紹介してもらった。

その人たちの中には、NECや富士通のパソコンの幹部がたくさんいた。高山由さんや、富士通の秋草直之さん（後の社長・会長）などで、そのころは皆、課長や部長クラスだった。

皆さん、その後どんどん偉くなった。その関係で大手メーカーとも関係ができ、販売先も紹介してもらうことができ、事業がうまく立ち上がっていった。

優秀な主婦と学生アルバイトを雇う

一方、高い賃金を払って人を雇うことができないので、学生と家庭の主婦をアルバイトとして雇うことにした。

これが幸運なことに、非常に優秀な人が集まることになった。

主婦の人たちは早稲田大学の数学科を主席クラスで卒業していて、プログラムを趣味でやっていた。

その人達にいろいろな幾何学的な計算を任せたら、何でもできてしまった。

学生の方は電気通信大。電通大のマイコンクラブに募集に行ったら、そこからどんどん優秀な人が来た。

今はこの人たちは皆、有名なＩＴ企業の幹部になっている。

創業して3年経ったら、専門誌が調査・集計しているユーザー評価で、パソコンのＣＡＤ分野でナンバーワンになった。これには本当にアルバイトの人たちも含めて、皆、感激した。

寄せ集め軍団ながら、大企業にも勝ったと思えた。

CADPACの売上高推移

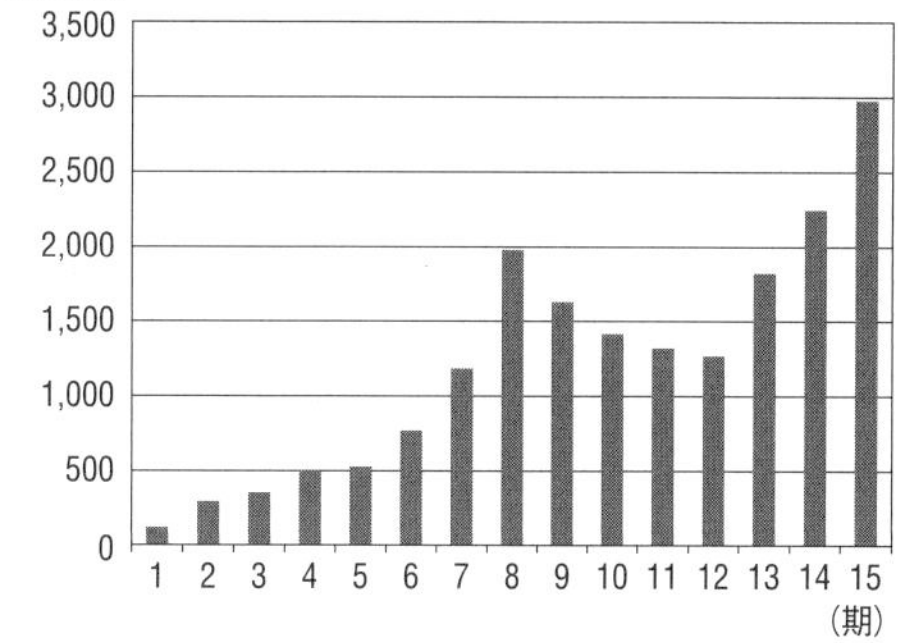

「CADPAC」は今でもその名前で販売しており、国産のCADソフトとしてはダントツのシェアを有している。

売り出したときの値段は50万円。いったん150万円ぐらいに上がったが、今はまた50万円ぐらいになっている。発売当初から市場はどんどん広がり、2年目の売上げは1億円までいった。

5年目には7億円。バブル崩壊寸前の90年には20億円までいった。スタート7年間で20億円ということになる。

バブル崩壊を経ていったん縮小したが、95年から再び伸び出して97年には売上げは約30億円となった。

CADPACが成功した最大の要因は、当初、売り上げの半分以上を、思い切って宣伝費につぎ込んだ結果だと思う。

このことは後進のベンチャーの方々にも参考になる話だろう。

いいものを作ってもユーザーに知られなければ、事業は伸びない。

米国のCADソフトが世界を席巻

実は、1999年には株式上場を目指して準備を進めていた時期があった。ところが98年に山一證券が経営破綻をし、上場のタイミングを逃してしまった。その後に今度はITバブルの崩壊があった。

結局、CADPACに関しては、97年が売上高のピークだった。

振り返って見れば、この繰り返す不況の波は、当社の経営にとっても痛手となる歴史的事象だった。

当時、CADソフトはすでに相当な競争の激化で単価下落が起きていた。何しろピークの頃には、日本だけでもパソコンCADソフトを作る会社が200社以上はあったからだ。

大手からベンチャーまで、入り乱れての競争になっていた。

それが今や、専業で残っているのは日本の会社では当社ぐらいになってしまった。

ほかの専業会社は大手に買収されたり、ブランドは残っていても規模が随分、小さくなってしまったりしている。

ところが世界を見れば事情はまた違ってくる。

世界最大のCADソフトの会社は、米国にある著名なオートデスクという会社だ。同社はITソフトウェア全般という範疇に分野を拡大しても全世界第3位ぐらいに当たる大企業になるから、当社とはその規模が比べものにならない。今でもCAD関連だけで年商は1千億円あるはずだ。

だからオートデスクのCADソフトが今では世界のデファクト・スタンダードになっている。日本でももちろん、トップシェアを握られている。

ただ国産としては、当社がトップシェアをキープしていると思われる。

オートデスクが世界トップになった理由は、やはり資本力を付けてワールドワイドに展開したことが一番の理由だろう。

大手メーカーが部品メーカーなどと企業間で設計情報の交換をするときには、やはりワールドワイドで展開しているCADが強みを発揮するからだ。

企業間で情報を交換する必要性があまりない財務会計や社内システムなどのソフト

の場合、各国の地場のソフトウェアが強みを発揮しているケースが多いが、ワープロやCADなどの汎用的なソフトの場合、どうしても国際的な企業間でのデータ交換が必要になるため、世界的にデファクトをとった会社に集中していくケースが多い。

だから資本政策が柔軟で、早くからワールドワイドに展開している米国企業がデファクトになっていきやすいし、一度デファクトを握られたら、なかなかそこには勝てなくなるのだ。

CADの国内市場は飽和

CADPACがメーンのお客様にしている分野は製造・建設分野だ。約7割が機械関連だ。

これに次いで約3割が建築関係で、そのほか電機分野でも使われている。

日本のお客様のニーズに応えるものをつくってきたので、今でも日本企業のユーザー様からは根強い支持を得ている。

これが30年経った今でも、売上高と国内産としてのトップシェアをキープできている理由だ。

では今後、これが大きく増えていくかというと、それはあまり見込めないのではないかと考えている。

理由はやはり、日本の製造業が国内で伸びていかないことが大きい。

もちろん当社でも海外進出をする日系企業向けに海外販売は行っている。

だが市場自体が飽和してきているし、今後、その市場が大きく伸びていくことは考えられない。

中国を始め新興国では、日本製品よりもはるかに安いＣＡＤをつくっているところがある。われわれの十分の一ほどの値段だ。だから日本国内でつくっていてはとても競争にならない。

中国ではオートデスク社のＡｕｔｏＣＡＤのクローン商品が作られている。たいへんな安価でアジア、アフリカ、南米、ロシアなどで売っている。もちろん特許など無視しているから、先進国ではあまり販売されていない。それが現実の実態だ。

だからＣＡＤだけにこだわっていると、将来の展望が開けない。

力点のバランスをいかにとるか

話は戻るが、創業するとき、資金をどうしたか。

私はサラリーマンの5年間で500万円貯金をためて、資本金500万で会社を始めた。製品は自分でつくっていたし、そのほかの従業員はアルバイトだから、そんなお金はかからなかった。

だから本当にお金をかけなくて、すぐに年商1億円を実現できたのだ。

なにしろタイミングがよかった。2年目に売上高が3億円ぐらいになったときには、経費は1億円にも満たなかった。

そこから人を増やして、販売と営業に力を入れた。

しかしすぐに競争が激しくなった。

96年頃のピーク時には、従業員を170人ぐらい抱えていた。大きくなるとそれに従って問題も出てくる。

たとえばCADの品質の問題。いかに製品からバグを減らすかがやはり非常に大変になってきた。

ユーザーが増えれば、それだけクレームも多くなる。だからそれに対していかに迅速に対応しながら、製品の機能も向上させながら、品質の維持をしていくかが大事で、そのバランスが非常に難しい。

なぜなら、品質を重視しすぎると機能の向上が止まってしまうからだ。

CADソフトの売上げは、だいたい製造業の機械の売上とパラレルになる。だから、機械の売上げが急減すると、CADソフトの売上げも激減する。そういう時にいったん大きくなった組織を維持するのがたいへんになる。

今は既存ユーザーからバージョンアップする際の費用が年間で入ってくるので、収入は比較的、安定している。

ただしピークの売上げに比べればほど遠い。ただ、当時は外注を多く発注していたので、そういう外注の数を減らしたり、経費の半分ぐらいを占めていた販促・宣伝費用を減らして、プロパーのメンバーはキープしている。

2013年末の従業員数は約50人、売上げは約8億円だが、扱っている商品は1本だけだから、国産パッケージソフトとしてはがんばっている方だろう。

社会貢献活動に乗り出す

社業と離れた活動では、まずパーソナルコンピューターソフトウェア協会の活動に尽力した。

この協会の初代会長はソフトバンクの孫さんだ。

その縁もあって、私も4代目の会長を務めた。

協会でCADのオペレーターの資格試験を始めた。この資格試験の立ち上げに力を入れた。

この資格試験は年間受験者が最大で約5万人に達した。

資格試験は今でも続いている。CAD関連の資格試験はほかにもあるが、その中では最も規模が大きい資格試験になっており、今では日本中の多くの専門学校が参加している。

話は戻るが、私は大学院では、環境や資源エネルギーのシミュレーションを行っていた。

こうしたシミュレーションが当時、流行っていた。成長の限界を予測したローマクラブというところの報告が、識者にショックを与えたからだ。

ローマクラブは、このままのペースでエネルギーや資源を使っていると、いずれ地球環境は崩壊するという予測を立てていた。京大でもＩＢＭと共同でそういう研究をしていた。

私は画像処理の研究室から、そのローマクラブと共同研究をしていた研究室に移って、その研究の担当になった。

約40年前になるが、ＩＢＭのコンピューターを自由に使わせてもらい、日本経済のシミュレーションに加えて、環境やエネルギーのシミュレーションを行った。こういう経済政策を採ったら将来、こういう生活環境になる、というシミュレーションだ。

シミュレーションというのは政策検討のために、いろいろな政策パターンの結果を模擬的に知るためのもので、これで将来を予測するものではない。各政策の可否を確認することが最大の目的だ。こういうかたちで税金をこう増やすと、こういう結果になる、ということを確認するのだ。これで経済と環境がどうなるかの相関関係を見ることができる。

そのとき感じたのは、ＩＴの能力を使って将来に対する最適な解を得る必要があるということ、つまり経済成長と環境、個人の豊かさといったものをちゃんと選択していく必要があるということだった。

2つ目の会社の創業

ＩＴの仕事をしながら、何らかのかたちで社会貢献をしたいと思うようになった。それが今で言うところの「グリーンＩＴ」というものだった。

ＩＴを使って、環境問題や資源エネルギー問題の解決に貢献する。これにはいろいろな方法がある。

私はもう還暦を過ぎている。還暦の前に一度、原点に戻ってＩＴで社会や環境に貢献したいと考え、新たに「インフォグリーン」という会社をつくった。

その2カ月後に東日本大震災が起こった。

偶然ではあるが、何かの符号があろう。

それからにわかに政府でも新エネルギーへの取り組みが活発になってきた。

もちろん、簡単に成果が出るような分野ではない。私が提唱しているのは、地域の

再生可能エネルギーによる地域の再生

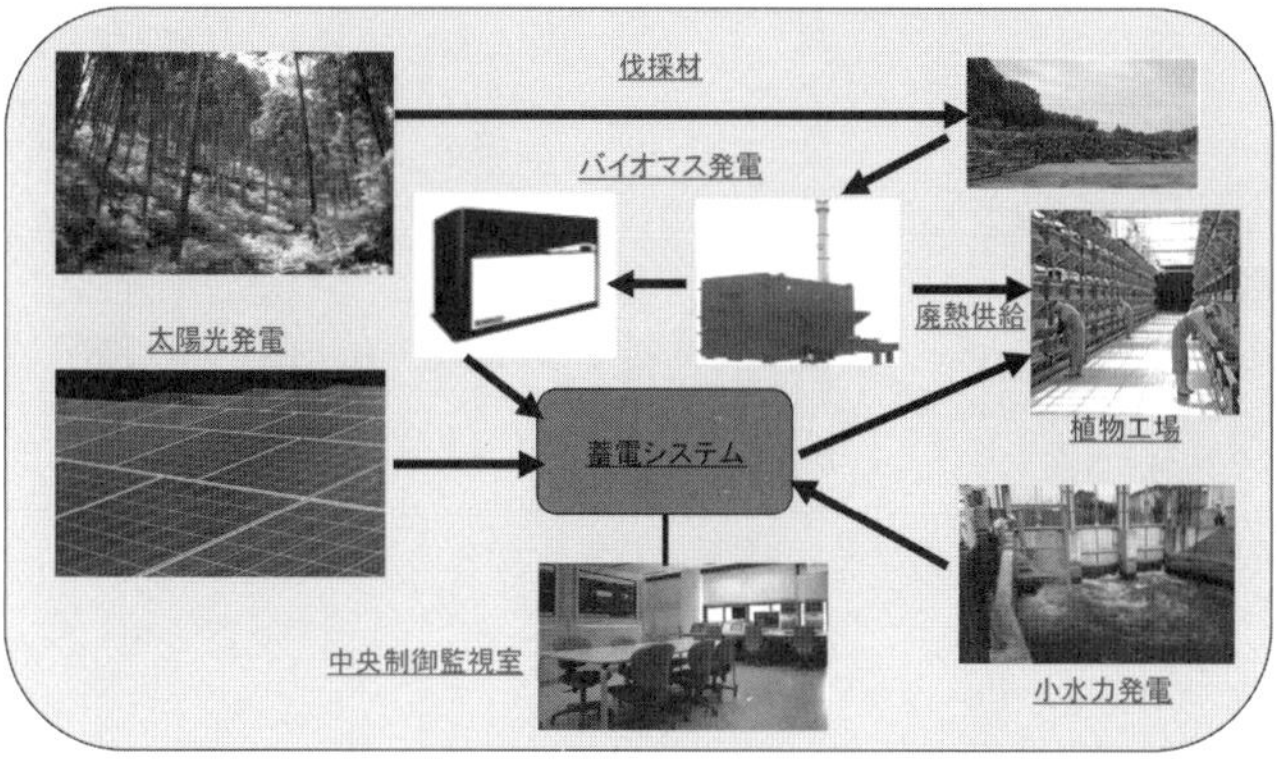

エネルギー的な自立だ。

各地域でエネルギーを自給自足していく。この地域は県などよりももっと小さい単位、集落などの単位だ。

今は主に太陽光発電とバイオマス発電、それに小型の水力発電が中心だ。それらを寄せ集めて、さらに蓄電技術や、スマートグリッドなどの技術、それに省エネ・節電などを加えて、これらをセットにすることで、地域単位で電気を自給自足させていくことが大きな目標だ。

コンピューターがメインフレームから分散型に移行したように、電力も大きな発電所を作ることから、そうやって分散型に移行していくと予測される。それを後押しするのだ。

そういうことを地方自治体などに提言をしたり、コンサルティングを行っているのがこの会社だ。

たとえば太陽光発電事業の紹介や、いろいろな関連業者の取りまとめを行っている。

この分野には様々な技術を持っている中小企業やベンチャーがある。それらの会社と連携してインテグレートをするのが役目だ。

そこに地域の資産家や自治体をジョイントさせることで実現を目指している。

IT負荷を減らす取り組み

今、世界でエネルギーを一番消費しているのは、実はITの分野だ。

コンピューターは膨大なエネルギーを消費することで動いている。

パソコンや携帯端末などの1台1台が消費しているエネルギーを合わせたら、膨大な量だ。へたをすると車よりずっと多くのエネルギーを消費している。電気の消費で勘案すればIT分野はそのエネルギー消費量が圧倒的で、照明や暖房の比ではない。

だから電気の節約を考えるなら、まずITのエネルギー消費をいか抑えるかが一番大きな課題だ。

その解決のための方策にはいろいろな観点からの方法がある。

もちろんハードウェアの効率を上げることが一つ。データセンターを集約することも挙げられる。

もう一つは、IT機器の使用量をいかに減らすか。これは使う人の負荷を減らすことにも繋がる。

たとえば企業が作る文書は非常に無駄が多い。一度も目を通すことのないものが重複して作られていることが多い。しかもその文章を作るのに、毎回、別の人が最初から考えて作っている。その負荷をどう減らすか。その方法がある。

文書作成の負荷を減らすDITA規格

企業で文書を書くときには、各自がワープロで最初から入力している。作られた文章は、大きな塊になって存在しており、再利用するには、頭から見直さなければならない。

これに対して、最初から、文章を細かく分けて部品化する、というのがこの解決のための発想。

ある程度の決まり文句を部品として組み立てる。これは文学作品では無理だが、マニュアルや定款、労務管理関係の文書など、ある程度決まった文言を使う文では有効だ。

こうすれば違う分野の企業でも文書の共通化が可能だ。全体の構成を見て文を設計し、分野ごとに特定の部品を入れ替えればいい。

これはしかしなかなか作るのが難しいのも事実。この方法はもう20何年前から研究されている。

DITA（ディータ）と言う世界的な標準規格もある。

私は日本で、この普及を目指すDITAコンソーシアムに参加し、DITAの啓蒙活動をずっと行ってきた。

DITAで文書を作るときには、ジャンルごとに、たとえば車の整備マニュアルなら、こうした要件を満たさなくてはいけない、ということを業界団体などで決めて、それに従って文書の部品を作る。

このやり方は米国を中心とした大企業ではかなり普及している。

企業間同士でこの規格を使えば、文書のやり取りも簡単にできる。

米国では大企業間での文書のやり取りは、この規格に従った文書でなくては受け取れない流れになっている。

DITA規格の文書が便利なのは、マニュアルなどの分厚い文書を作るときに、一部の仕様変更や国ごとの事情に合わせてマニュアルを作り変えなくてはいけないときなどに、文の一部を入れ替えるだけで全体を作り変えられることにある。

グローバルに展開する製造業の大手では、何万種類という製品をいくつもの国に向けて売り出している。

その製品マニュアルを頭から翻訳していたら大変な作業だ。これをDITA規格にすれば変更する部分だけ翻訳し直せば効率がいい。こうすればマニュアル全体のミスも少なくできる。

昔ながらに作ったマニュアルでは、文の誤りが原因となる事故で大問題になる可能性がある。DITA規格はコンプライアンスの維持にも有効なのだ。

いま大企業では文書作成だけで年間数十億円コストがかかっている。これをＤＩＴＡの導入で、簡単に半分ぐらいに減らすことができる。最初に導入するときは大変だが、一度導入すればあとが楽だ。

日本でもグローバルに展開している大手のコンピューターや電機・機械メーカーなどは既に導入している。

無駄を省く観点で大きなビジネスになる可能性がある。

私は以前から、ＣＡＤと並んで、文書管理の研究・開発をしていた。

ただ文書を管理するだけでは企業の効率はよくならない。

文書をつくる側に立って、そこから革新していく必要があると思うようになったことが、この分野に入るきっかけだった。

ＤＩＴＡ規格の研究は最初は米ＩＢＭが始めた。ＩＢＭが考えたものを公開してＯＡＳＩＳで世界標準規格にしたものがＤＩＴＡだ。

文書を部品でつくることは、ほかでもいろいろなところが研究していた。それをＸＭＬというコンピューター言語体系に最初に当てはめてオープンにしたのがＤＩＴＡだ。

日本で随一のDITAデータベース「Dante」

ただ問題は、文書の部品数がものすごい数になること。文書部品をデータベースで管理しないと実際には運営できない。

いま、インフォグリーンでやっている主な事業は、DITAの文書部品を管理するCMS(コンテンツ・マネジメント・システム)製品の販売だ。

それが「Dante」という商品。

データベース上の文章は、「トピック」と「マップ」という情報で成り立っている。トピックが文章部品のこと。部品をどう集めるかがマップの役割。つまりマップは構成のこと。

マニュアルなどの文書には製品ごとにマップがある。マップは共通の部品をいくつか集めてきて文書を作る。文書のどこかに変更があったら、このマップを書き換えればいい。

たとえば部品1を部品2に替え、他はそのまま残す。ある製品を改造して別の派生製品をつくるのに製品マニュアルは9割が同じで1割を変える場合、1割に当たる部分のマニュアルの文書部品だけを入れ替えれば早くできるし、ミスもない。

そのマップとトピックを管理するのがＤａｎｔｅだ。

この分野には世界的に市場がある。ＤＩＴＡ-ＣＭＳという市場だ。ＤＩＴＡのコンテンツをマネジメントしている市場で、これにも世界のデファクト・スタンダードのような会社がすでに存在する。

今、日本では当社が一番進んでいる。

始めて3年が経つので、日本ではトップの評価を得ている。

Ｄａｎｔｅは多国語対応なので、ワンタッチでいろいろな国の言語で使えるのが特徴だ。

これを使えば、社内の文書は最初のものをどんどん流用して作っていくことができる。

たとえば、企画段階での製品企画書があれば、そこから仕様書を作れるし、設計書もできる。最後にカタログやマニュアルも最初につくった部品をどんどん流用できるわけだ。これはいかにも米国的な発想だ。

こういう特殊なライティングの方法は昔からあった。

マニュアル作成会社などでは、以前から使われていた。それを完全にシステム化して、標準化したものがＤＩＴＡだ。

日本は先進国の中でもホワイトカラーの生産性が一番低いと言われているので、その意味でもこの製品はソフトウェアの面からの生産性向上の切り札になると考えている。ただこの広い普及にはあと10年はかかるだろう。

啓蒙活動はもう5年近く続けており、毎年秋にＤＩＴＡフェスタというイベントを開いている。そこには来場者が何百人も来るようになっている。

製造業では早晩、この規格で文書のやり取りをせざるを得ない状況になっていくだろう。

前述の通り、米国では既にその流れになっているからだ。だからこの分野も、外圧による黒船的普及の構図だ。グローバルな電機メーカーは一応、各社とも手を付けだしている。次は自動車メーカー各社だ。

だからこの分野で一番進んでいる当社は国産ソフトとして頑張りたいと思っている。それがソフト面からの省エネという大きな社会的な貢献にも繋がるからだ。

昔、学生のころに少しやりたかったことを、還暦を過ぎてから別の角度から実現しているわけだ。

これからＩＴ分野に入ってくる若者にも、グローバルな視点で、世界に貢献するという意識を持って、ＩＴビジネスを考えてもらいたい。資源・エネルギー、そして環境の問題は、今や、待ったなしのところに来ている。ＩＴによるこの解決への貢献は、大きな価値をもっているからだ。

人生80年を超える今の時代、まだまだ、青雲の志を持って、働いていきたい。

(竹原 司・インフォグリーン社長)

竹原 司
インフォグリーン社長

略歴 たけはら・つかさ　１９５２年（昭和27年）生まれ。京都府出身。京都大学工学部卒。78年同大学院工学研究科修了後、東芝入社。83年退社し、独力でパソコンＣＡＤソフトウェアを開発、デザインオートメーション（現デザイン・クリエィション）を設立、代表取締役に就任。２０１１年、ＩＴによる地球環境への貢献を目的としたインフォグリーンを設立、社長に就任。

インターネット
イニシアティブ

インターネット前哨戦

インターネットの歴史をさかのぼると、１９６９年に、米国の国防総省が、有事においても接続性を維持できるネットワークとして設計した研究用ネットワーク、ARPANETが始まりだといわれている。それから20年間にわたって、軍事用から研究開発用のネットワークとして開放され、多数の大学や研究機関が相互接続された大規模な研究用ネットワークであり商用利用は禁止されていた。

インターネットを利用していた研究者の商用利用を要望する声を中心に１９８９年に米国で商用化が始まり、国内では私どもが92年に初のインターネットの商用サービス事業者としてスタートした。

米国の商用化から遅れること3年の92年に、インターネットイニシアティブ（ＩＩＪ）は設立され、国内初の商用インターネット接続サービスを提供してきたことから、当初から国内でのシェアは№１だった。それはマーケットの構築と同時に事業を進めて来たからだ。

現在の、一人に一台以上のＰＣが導入されている状況とは異なり、企業内においては各部門にすら導入されていなかった頃である。インターネットに接続する以前にPCを導入してもらうことから事業を始めた。

しかし、ご存じのようにWindowsの普及とともにインターネットも普及し、電話回線とモデムを使った28・8キロbpsの帯域から三万五千倍の光回線(1ギガbps)での接続を各家庭で実現しているのである。需要と供給のバランスとはいえ、当時に比べると数千分の一のコストに下がったことになる。これは国内のみならず、国際ネットワークでも状況は同じだ。

インターネット接続料金も大幅に下がった。特に日本では、ブロードバンド・インフラの整備により個人や家庭で1ギガbpsという帯域での接続が可能だし、また、モバイル環境でもLTE（ロング・ターム・エヴォリューション＝3・9世代の携帯電話規格）をベースに数十メガbpsというパフォーマンスを得られるようになってきた。それもわずか月額数百円から数千円で利用できる。これが日本のIT業界に大きな変化をもたらしている。

インターネットは、軍事、学術研究用途に限定されていた20年間と商用化後の20年間のトータル40数年間で規模も全世界に広がり大きくコストを下げ、通信品質も格段に向上してきた。それが現在のIT業界の大きなバックグラウンドだ。今や、何億人、何十億人という人たちが、世界中で同時にこのインターネットを利用しているという素晴らしい環境が出現している。

コンピューター・ビジネスの変遷

もともとのコンピューター・ビジネスは、高額な費用が発生する世界だ。さらには場所も取られる。電子計算機出現時代のコンピューター・システムはミサイル弾道計算が主流だったようで、大きなビルの複数フロアがコンピューター・システム(電子計算機)でびっしり埋まっている写真を見たことがある。

こうしたコンピューター・システムは企業が最初から自前で持てるものではなかったのでレンタル(時間利用から月次、年次利用)からスタートして、金融的なサービスが整いリースの概念が生まれたことで個々の企業にとって導入することが可能になり、殆どの企業が自前で維持できる環境へと変わった。

企業は4~5年の期間でコンピューター・システムをリース利用することが一般的

クラウドサービス「IIJ GIOサービス」

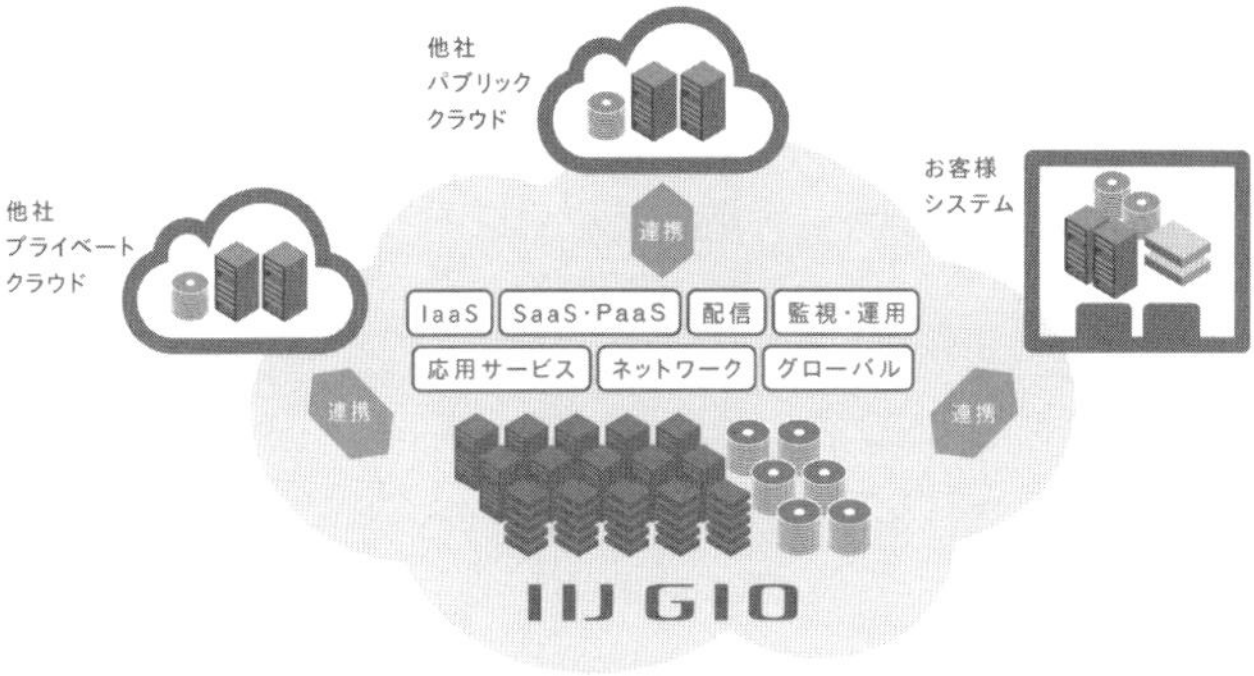

であったが、ネットワーク・コストが格段に下がってきたので、必要なときに必要な量だけネットワークを介してコンピューター・システムを利用することで自前のコンピューター・センターを用意してコンピューター・システムをピークに合わせて過剰に持つ必要がなくなった。これが即ち、「クラウド・コンピューティング」の概念だ。

著名なネット検索サービス提供企業や大手ECサイト運営企業では、全世界に数百万台規模（数千万台規模かも?）のコンピューター・システムを複数箇所のデータセンターに保持し運用している。彼らにとっての究極のコスト削減は、空いているリソースを第三者に貸し出すことなのである。

クラウド・コンピューティングという概念は、ＩＴ業界の販売サイドから出てきたソリューションではなく利用サイドである彼らから生まれたというのがユニークであり、必然的に生まれたソリューションと言える。

企業はクラウド・コンピューティングを採用することによりコンピューター・システムそのものの資産を持たなくても済み、持たないことでシステム運用コストを大幅に下げられる。リース代の代わりに月額のサービス利用料金を支払うことになり、バランスシート上では資産勘定に組み入れなくて済むので経営はより身軽になる。

使われ方が劇的に変わる

コンピューター・システムの利用がネットワークを介して月額サービス料金で利用できる様に変わった事は大きな意味を持つ。

クラウド・コンピューティング・サービスを利用することにより、自前で資産として持っていた場合に発生していた「ピーク・サイジング」と言う概念を捨てて必要最小限のリソースで契約し、必要となれば追加契約すれば良いのである。それは、経済的な面だけではなく、今まで投資対効果の観点からコンピューター・システムの利用をためらっていた用途にも利用することが可能になってきたことを意味する。

ピーク・サイジングという概念を捨て去ることが可能になることの利便性を別の面から見ると、例えば、一日一回バッチ処理をしていたコストで、一日数回のバッチ処理を行うことが出来るようになる。それにより、より精緻な市場情報をバックサイドに伝えることが出来、今まで以上に効率的な仕組みが作れるわけだ。

新たに登場しつつある大量のコンピューター・リソースを活用するための技術(Hadoop等)と組み合わせることにより、今まで諦めていた膨大なデータ(ビッグデータ)の分析を実施することが容易に出来るようになったのである。

クラウド・コンピューティングの概念が出てきて、その関連ビジネスが立ち上がってきたことで、今までと違った次元でコンピューター・リソースを活用するチャンスが生まれてきているのだ。

例えば、スマートフォン(スマホ)を持っていて、普通にスマホ・アプリを利用して、ある処理を実行しアプリを閉じたとする。本人の意図とは関係なく必要なデータをクラウド上のサーバーに蓄積し、次回、アプリを起動した時には自動的にそのデータが持ち込まれている。サービスを受けるまでにPC上でサイトにログインしてからいろいろ面倒な手続きをする必要もない。

もちろん、それ以上に様々な関連性も含めてクラウド・コンピューティングが活用されているのである。

自前システムによるクラウドという発想

こうしたネット環境が生まれている状況だが、現実的には一気にクラウド・コンピューティング・サービスに移行せず、過渡的な状況が生まれている。

それは「パブリック・クラウド」と「プライベート・クラウド」という2つの概念が生まれていることだ。

まず、「パブリック・クラウド」だが、これは先述してきたサービスを提供する第三者がサービス用に資産を持ち、ユーザーはネットワークを介してクラウド・コンピューティングというサービスを利用することを称する。

一方、「プライベート・クラウド」とは、ある特定の複数企業同士や部門同士で利用するクラウド・コンピューティング・サービス、例えば、親会社とそのグループ子会社のシステムを統合してそのグループの中に閉じたクラウド環境を用意する、といったものを称している。

この場合、そのコンピューターの資産は、第三者ではなく、そのグループの中のどこかの企業が持つことになる。

現在、特に日本では、この「プライベート・クラウド」というケースが非常に多い。それは、企業内の財務データを始めとするクローズドな情報を第三者のシステム上に構築することに対するセキュリティ上の不安の方がコストメリットよりも勝っているからであろう。

しかし、クラウド・コンピューティング・サービスの基本はインフラ先行型の事業であり、規模の論理によってサービス原価が大幅に変わってくるのだ。

パブリック・クラウド事業者は、大量のコンピューター資産を持ち、大規模なデータセンターを持って運用していることによる様々なコストメリットがプライベート・

クラウドに比べて存在していることを忘れてはいけない。

ＩＩＪの事業領域

国内マーケットの中で、新たに登場してきた「パブリック・クラウド」という分野に絞れば、当社のクラウド・コンピューティング・サービス「ＩＩＪ ＧＩＯ（ジオ）サービス」は現在トップシェアである。

インターネットは先述の通り、コンピューター用ネットワークでありクラウド・コンピューティング・サービスの重要な基盤技術の一つである。

経済面及び技術面で今まで実現が不可能と思われていた分野において、実現の可能性が期待されているクラウド・コンピューティング・サービスは、ＩＴ業界における新たなビジネスモデルの一つである。

当社はインターネットの接続事業でスタートし、インターネット技術、ネットワーク技術をコア・コンピタンスとし国内インターネット市場を牽引してきた企業であり、新たにクラウド・コンピューティング事業をビジネス基盤に取り込んだことでより幅

IIJの事業領域の拡大
ISPから、トータル・ネットワーク・ソリューションプロバイダへ。

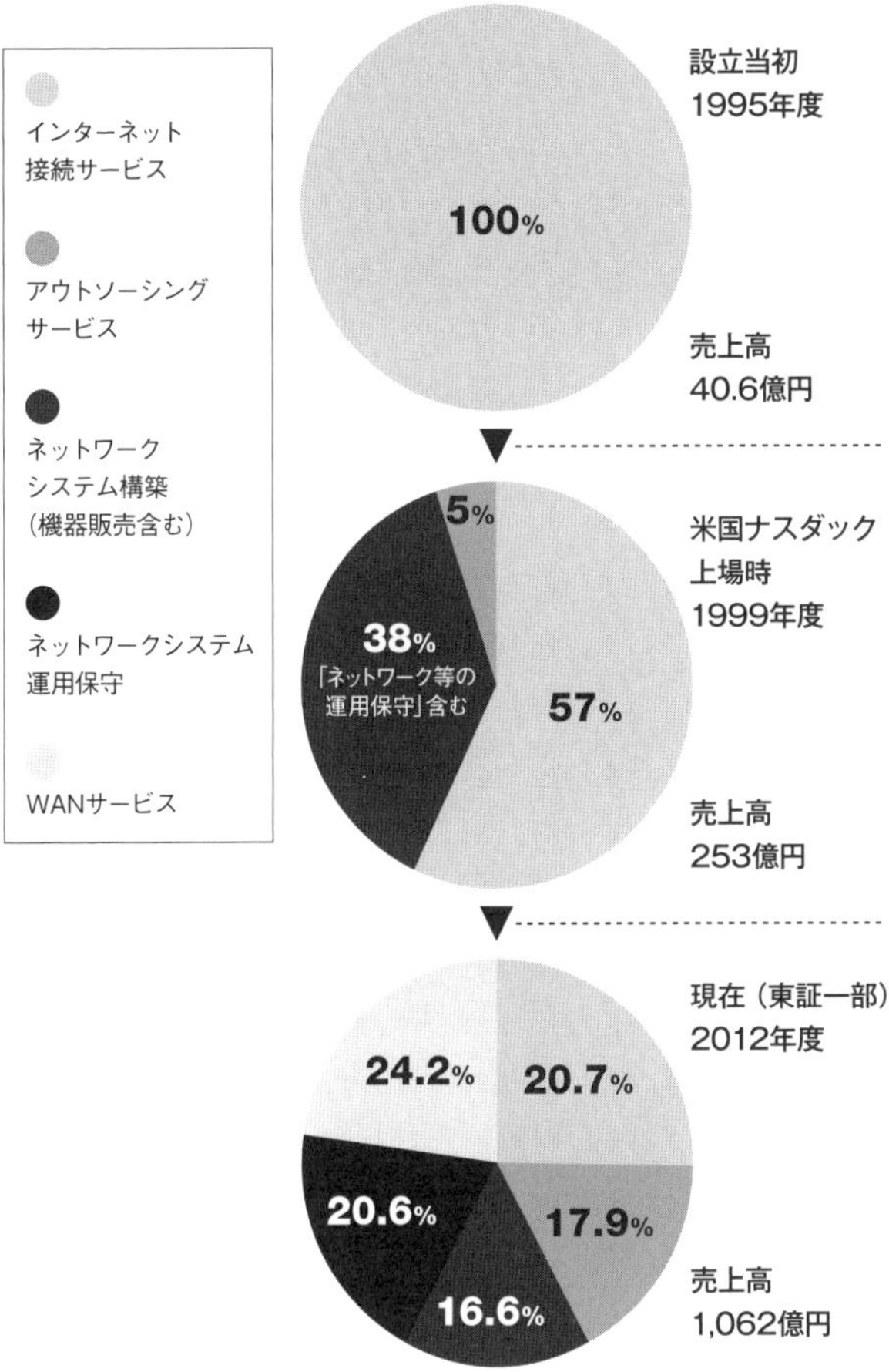

広い事業を展開する企業に変わってきている。

その結果、２０１２年度にはグループでの売上高が１０００億円を突破した。

設立当時、売上の１００％を占めていたインターネット接続事業の売上規模は、今や全体の20％ほどである。


国内市場を見てもかなりの数の個人がスマホなどのいわゆるスマートデバイスを持ち歩き、時間の許す限りクラウド上のサーバーにアクセスしている。

これらのスマートデバイスは、つい最近までは高性能なサーバーにしか採用されていなかった高い処理能力を持つＣＰＵ(中央演算処理装置)を搭載している。メモリー容量にしても数十ギガバイトで、一昔前のパソコンとは比較にならない大きな容量だ。加えて、ＬＴＥ等の広帯域モバイル・ネットワークへの接続機能を当然の様に持っている。

古臭い言い方かもしれないが、一昔前、特殊な用途でしか利用されていなかったシステム環境を、ＩＴリテラシーがあまり高くない普通の人たちが普通に持ち歩いて使っているのである。ある意味では、非常に危険なことである。

企業内の状況を見ても、BYOD(Bring Your Own Device)が全ての企業で必要であるとは思わないが、PCをベースにしたクライアント端末の利用形態とは大きく異なる環境に変わりつつある。

サーバーに関しては、仮想化技術により1台のサーバーを効率よく細分化して使う技術が一般化し既存システムの大半が仮想化された環境に移行されてしまいそうな勢いである。企業の殆どのシステムが、既存のOSを始めとする汎用的なOS上に構築されている以上、この流れは当分変わらないかもしれない。

しかし、それは、同時アクセスが多くてもせいぜい数十、数百というクライアント数で、しかも主にテキスト情報を処理する想定で構築されてきた企業内システムを前提にした場合の話である。

先述の様なスマートデバイスが普及している状況でSNSやゲームにアクセスするサーバーを想定すると、広帯域接続からの同時アクセス数が数万から数十万のセッションを処理し、個々の接続に対応する複数のアプリケーションが同時稼動し、数百万から数千万規模のユーザーIDのデータベースが効率よく動く環境が必須条件となり、既存の安定した(チャレンジングでは無い)技術をベースに構築すると、仮想化どころか現在市販されている最高性能のサーバー数百台規模で何とか対応できるというのが現実で、クラウド・コンピューティング環境がその要望にうまく合致できたと言える。

また、先述した様にクラウド・コンピューティング等により高性能なサーバーを数百台束ねて瞬時に能力を使い切ることが経済的にも可能となったことで、今まで不可能と思われた領域でのコンピューターの活用が始まっている。

IT業界における新たなビジネスモデルの一端であると思う。

IIJは現在、売上げの95％は法人向けのビジネスであり、事業収益の殆どを国内であげている。

製造業を始めとする企業の方々が、市場を求めて米国、欧州、アジアへと進出して来た様に、IIJもネットワークとクラウド事業を海外で展開し始めている。

IIJは、インターネット接続事業を行うために欧米の主要なインターネット接続事業者との相互接続環境を必要としてきたし、国内、米国に独自のバックボーンを構築・運用してきた。

現在、自社のバックボーン・ネットワークも欧州及びアジアまで延長し、クラウド

IIJバックボーン及びクラウドサービス基盤の海外展開

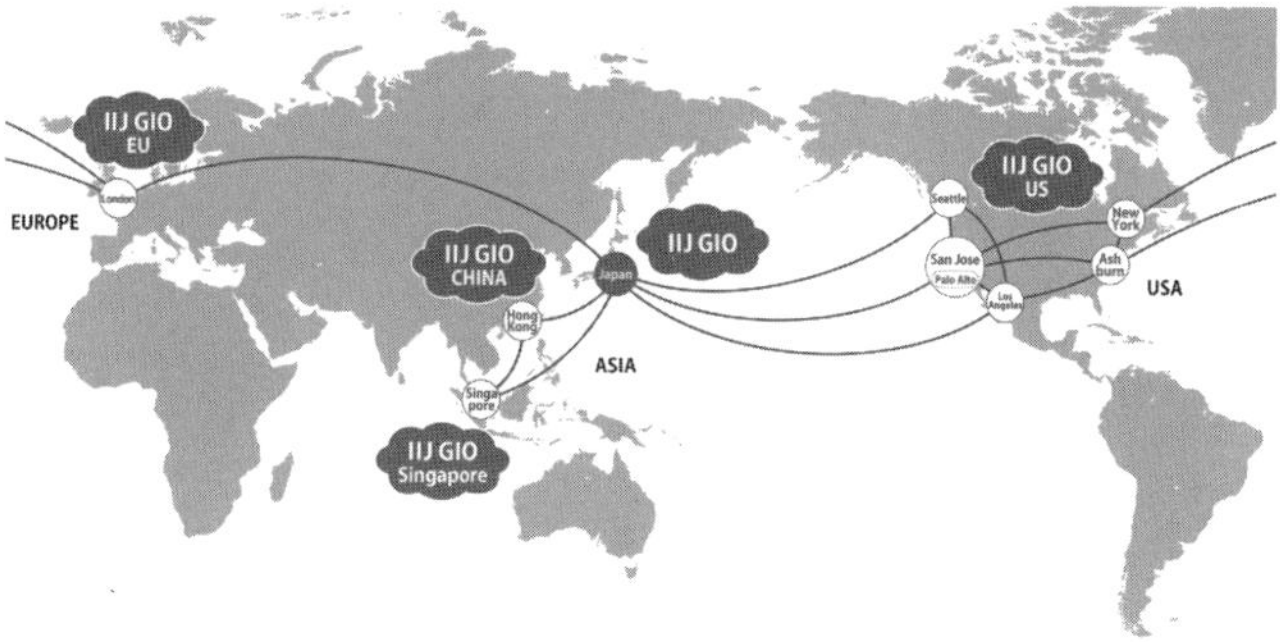

・コンピューティング・サービス基盤も国内に加えて米国、中国、英国、シンガポールに構築し、サービスの提供を始めた。

ムーアの法則から考える

若干、話がそれるが、ＩＴ業界には古くから『ムーアの法則』が存在している。18カ月ごとに集積回路上のトランジスタの数が2倍になり続けていくであろうという50年近くも前に出された論文の法則だが、業界の中では、ほぼ毎年サーバーのパフォーマンスが2倍になると語られてきた。

確かに、ＣＰＵの稼動周波数は限界まで上がり続け、ＣＰＵコアはシングル構成からデュア

国内サーバ市場の推移

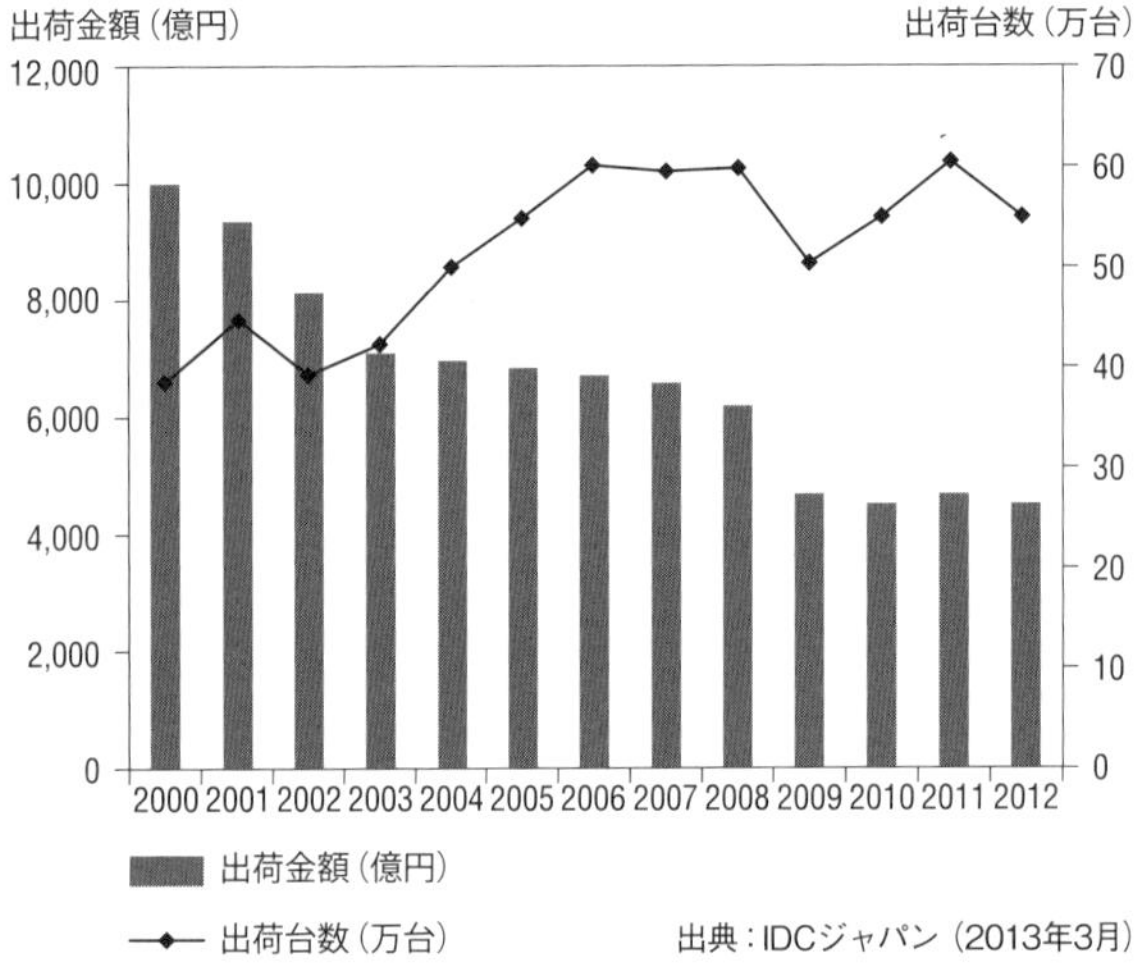

ル(2個)を通過しクァッド(4個)になり、まだまだ、マルチ化していく事であろう。

現実にこの数十年間、サーバーのパフォーマンスは正確には測定していないが、ほぼ、倍々ゲームのように上がり続けてきたように思う。

にも拘らず、過去10年間、国内のサーバー出荷台数は若干減っては来ているものの50万台規模を維持し続けている。

ゆえに、かなり大雑把な感覚だが、国内の稼動サーバー台数は50万台×リース期間(4年間)+リース利用していないサーバー台数で250万台と囁かれている。

先述の仮想化技術の登場による効率的なサーバー・リソースの活用やクラウド・コンピューティング・サービスの登場により、ピーク・サイジングという概念を捨て去ることで、稼動サーバー台数は一時的に大きく減る可能性がある。

しかし、現実には、ネット上のソーシャル・サービスの出現により逆に増加する可能性が出てきており、ビッグデータ解析等の発展により新たなコンピューター・システムを活用する市場が登場してきている。

究極のコンシェルジュ・サービス

昨年、facebookのGraphサーチAPIが公開された。

Graphサーチそのものについては既にいろいろな文献が出ているので、詳細な解説はそちらにお任せするとして、ホテル等での究極のサービスを総称して『コンシェルジュ』と言う言い方をする。

自分自身のことを熟知している人達、例えば、執事とか、秘書とか、アシスタントに物事を頼む場合は、面倒な背景説明も要らなければ、食べ物の嗜好や自分の好みを並べ立てる必要がないので非常に便利である。

例えば、出張先で久しぶりに古いお客様と偶然遭遇し、お互いその日の夜の都合が付くということで食事でもしましょうと言う話になったとしよう。

当然、出張先であることから、その日の日程はびっしり詰まっていて、二人にとってベストなレストランを探して予約するなんて事は自分では出来ない。

そこで、コンシェルジュとして登場するのが、秘書である。「今夜、誰それと食事をしたいのでレストランを予約して欲しい」と頼むだけで、二人の好み、土地を考慮した料理、お酒、加えて言うとその日、直近に食べた料理を避けて、ホテルの近くか、その後行くバーの近くか、等々を考慮した上で予約し、相手の好みに合ったお土産が用意される。

後日、秘書から「首尾は如何でしたか？」と問われ、それに答える事で、次回以降の対応内容がさらに豊富なものになるのである。

まあ、それがどうしたと言われる方もおられるとは思うが、私なんぞは快適な気分になるし、また、頼みたくなる。

この様なサービスを第三者が提供してくれる場合に『コンシェルジュ』と呼ぶのであろう。

本質は、自分自身のことを熟知した上で最善のサービスを提供してくれることである。

多少、話が長くなってしまったが、facebookには実名、会社名、誕生日、友達、及び行動(いいね)等を気が付いたら登録していたわけである。

今までのネット上のサービスは自分自身のことを知らない状況の上でサービスが提供されてきていたので、そこまでの要求をしてきていないが、自分のプライバシー情報をある面、信頼できる対象に対して提供することで同様のサービスが受けられる現実が近づいた様に感じる。

或いは、最近、機械学習によりブログ等の発言、行動からその方の年齢とか性別とか嗜好性とかをビッグデータ解析等を行うことで類推できつつあり、実名等を公開しなくてもどの様な人がその発言をしているのかと言う推測が出来つつある。

また、逆に考えると、プライバシー情報、ビッグデータ解析にスマートデバイスのGPS等の位置情報を加えると、誰が何時、何処にいてどのような行動をしているかがネット（クラウド）上から判り、その人にだけ必要な情報を提供する事が普通に出来るようになるのだ。

今までのＩＴは、業務を効率化するためのものが中心だった。そろばんの代わりに電卓が登場し、電卓の代わりにスプレッドシートが登場し、企業内業務の劇的な規模拡大を可能とし効率化が追求されてきた。特に財務や生産、調達、販売などの部門で業務が格段に効率化されてきた。

一方で、事業を伸ばすために、ビッグデータを活用してこれまでのような万人に対する広告は止めて、商品の購入対象として最適な人へ効率的な広告を打ったり、その人がその商品を買う動機づけをさせる方策を考えたり、商品を購入してくれそうな人の属性を割り出したりすることが行われるようになった。その属性は、年齢、性別程度ではなく、もっと細かいデータだ。そのデータを使ってどういう商品を作ればより購入意欲が高まるか、コアのファンの中からさらに確実に商品を買ってくれそうな人を掴む、といったことをコンピューター・システムによってできるようになっている。

言い換えれば、クラウド・コンピューティングが出現したことで今まで以上にコンピューター・リソースを活用する事例が急速に拡大しているし、その需要に対応したサービスを実現し続けることで新たなＩＴ事業を構築していける機会も増えているのである。

（保条英司・インターネットイニシアティブ専務）

保条英司

インターネットイニシアティブ専務取締役

略歴　ほうじょう・ひでし　1957年（昭和32年）12月生まれ。80年近畿大学理工学部電気工学科卒業後、伊藤忠データシステム（現・伊藤忠テクノソリューションズ）入社。95年インターネットイニシアティブへ出向、96年移籍。2002年常務、06年専務取締役に就任。

イーパーセル

この会社の技術をつくった人

まずこの会社の技術をつくった日本人の技術者がいるので、そこから触れる。

この技術者はもともと日本の大手電機メーカーの宇宙・防衛産業の防衛部門に従事していた。

その頃、F‐1戦闘機の後継機として期待された次期支援戦闘機（FS‐X）は日本独自の設計で開発しようというプロジェクトがあり、彼はこのプロジェクトのレーダー開発担当としてアサインされていた。プロジェクトは無事完了し、防衛庁（現防衛省）に製品を納入したのだが、日米貿易摩擦に端を発する米国との政治的問題が絡み、プロジェクト自体は日米共同開発となったことで、純国産戦闘機をつくることは幻に終わった。彼としては、日本の戦闘機を開発するために他国が介入してくることや、いいものが製品として世に出にくい産業の構造に大きな矛盾を感じざるを得なかった。

それから彼の新たな人生設計が始まった。1990年代の始め、社内留学制度を利用してMIT（マサチューセッツ工科大学）に留学した。当時の米国はインターネット黎明期で非常に柔軟で面白い発想が次々に製品となってIT市場に姿を現し始めていた。素晴らしい技術が製品化されることに防衛産業に従事していた頃に感じた矛盾はなかった。そんな矛盾のない世界に触れたことで、「自分も防衛産業から離れて、IT業界の新しいビジネスで勝負をしてみたい」と感じた。

ここから先は私の想像が入ることをお許し願いたい。インターネットが世の中に爆発的に普及していく過程の中でネット社会が出現する。ネット社会が到来すると生活や仕事にどんな変化が起こるのか。それは、ネットが、「便利さ」を提供することに他ならない。

だから、インターネット市場で新しい発想を事業化するということは、即ちリアルな産業をヴァーチャルな産業に移行することで、新しい価値(便利さ)を提供することに直結する。彼は、数多あるリアルな産業の中で、国際物流ビジネスにその可能性を求めたに違いない。国際物流会社は、企業間取引に必要なありとあらゆる情報を国境を跨いで配送している。そうした国際物流会社の事業をネットの世界に持ち込む。インターネットを利用して、リアルな物流をヴァーチャルな物流に置き換える。そう、電子物流を事業化しようと考えたのだ。『電子宅配便構想』が産声を上げた瞬間だった。

社名のイーパーセルは、Electronic Parcel、電子小包を意味する。一般的に電子メールはメッセージを送るだけだが、弊社は電子小包を配送している。電子小包とは電子ファイルのこと。つまり、電子ファイルをネット上で物流させるのだ。

さて、インターネットというのは非常に危険で不安定な通信インフラであることは周知のとおりだが、弊社は、そんなセキュリティリスクが高い通信インフラ上でも、安全・確実・高速しかも手軽に電子ファイルを物流させる仕組みをつくることを目指した。それが実現すれば、新たな便利さの提供が可能になる。

グローバルな企業間取引では、まず受け渡す情報を磁気媒体に焼付けた後に社内の出荷手続きを行い、それを国際郵便に乗せる。その後に待ち受けているのが、到着確認と内容物(データ)の破損チェックだ。万が一、磁気媒体や内容物に破損が認められれば、また同じ作業をイチからやり直さなければならない。ビジネスの現場では、こんなことに数日から最長で2週間のリードタイムを計算に入れているという。

イーパーセルが提供する便利さとは、世界中どこであっても、安全・確実、そして距離に依存しないスピードで高速に配送することである。余談になるが、配送といっても、勿論、CO2を排出することもない。冷静になって考えて欲しい。ビジネスの現場におけるこの違いの大きさの意味を。

米国で起業する

1996年、その技術者が米国ボストンでイーパーセルを創業した。デファクト化とかスタンダード化の影響を可能な限り受けない独自のものを作って、大企業には出来ない、しかし大企業の品質を提供する、そんな会社を目指した。

日本法人は2001年1月から、米国創業会社の子会社として営業を本格的に開始した。

私は日本法人の設立準備段階の2000年から参画しているが、会社が今のように安定した状態になるまでには長い年月を必要とした。営業開始年度の2001年9月にニューヨーク同時多発テロが発生し、その影響による米国IT市場の混乱を避けるため、米国創業会社が有する全てのIP（Intellectual Propert

y：知的財産権）を日本法人に移管し、グローバル本社化した。経営陣と株主らによる経営判断だった。今、会社が健全に経営できていることも、このときの判断が正しかったからに他ならない。
　その後の２００４年11月、私が代表取締役社長兼ＣＥＯに就任した。２００６年には米国からのサーバー移転を含むすべての技術移転を完了し、本当の意味での純国産企業に生まれ変わった。第二創業期である。

損保会社の起業支援制度第一号

　時計の針を一気に30年巻き戻してみたい。私の生まれは備前焼で有名な岡山県備前市である。本家は地元で代々宮大工をしており、幼い頃からそれを見て育った私は将来その道に進むものだと無意識に思ったのであろう、何の迷いも無く大学では建築学を専攻した。しかし、都会で生きていくために経験したいろんなアルバイトを通して社会の構造を垣間見るうち、将来自分は起業して身を立てたいと考えるようになっていた。とても自然なことだった。だから卒業したら就職することなく会社をつくって商売を始めようと心に決めていた。

ところが何をやるにしても、特別な技術も人的ネットワークもお金も無いの無い無い尽くしだったから、回りの友人が就職活動を開始する大学4年生になった頃、漠とした思いだけでは何もできないという当たり前のことに気が付いた。

ただ、起業したいという強い思いは決して変わることはなかった。ちょうどその頃、ある中堅損害保険会社が大学の新卒者向けにアントレプレナーシップ制度をスタートするべく準備をはじめていることを知人からの情報で知ることとなった。制度説明会に参加してプレゼンテーションを受け、これは自分が描く将来設計にぴったりだと思った。なんの迷いもなくその第一期生になるべく、その場で即座に応募書類にサインした。

この制度は通常の正社員を選抜する仕組みと違って、契約社員として入社することになる。入社してからの3年間は与えられた地域にある企業に営業を掛け、外部の経営パートナー(リスクマネージャー)として、その企業に最も適した保険商品(リスクヘッジ商品)を設計して販売するのである。このようなセールス活動を通じて様々な経験を蓄積し、保険商品のスペシャリストになるのである。簡単に言えば、企業保険分野の専門代理店主を育成する制度といってよい。

保険商品知識と豊富な現場経験を蓄積すれば、多くの開業資金も必要ないし、扱う商品が保険だから商品を在庫する必要もない。これなら自分の腕一本で比較的簡単に起業できると思い、3年間の期限付き契約社員として入社した。当然、3年経ったら会社は辞める。そういう制度だ。

3年後の独立を目指して頑張っているうち、気が付けば、数十人いる同期の中で営業成績がダントツの1番になっていた。

その当時の代表取締役専務（東京営業本部長）から「いま君に辞められたら困るから、卒業と同時に正社員になって欲しい」と粘り強く説得を受けた。しかし、ここで正社員になったら、何のために3年ものあいだ人に言えない努力と苦労をしたか分からない。私が何度も辞めると言い張ったからであろうか、ついにはこの制度をあと2年間延長するとまで言い出され、実際にこの制度は5年の期限に延長された。専務はその間に私を説得しようと考えたのだろうが、こちらはますます独立する意志が強く固まった。結局、会社に5年間在籍して、制度研修期間が満了する91年の春、保険ディーラーの会社を設立するべく晴れがましく独立した。

一期一会

独立し、会社を興してから約10年が経った2000年9月、私はイーパーセルのファウンダーに会うことになった。きっかけは、私の学生時代の親友から届いた一通のメールだった。

その友人は慶應義塾大学経済学部の1986年卒業の金時計で、当時は日本輸出入銀行（現国際協力銀行）のニューヨーク事務所に駐在していた。あるとき、友人は、ジェトロ・ニューヨーク事務所で開かれた講演会に出席した。この日の講演会でメイン・スピーカーを務めた人物こそが、弊社のファウンダーだったのだ。

ファウンダーも同大工学部の1983年卒業の金時計で、既に米国では大成功を収めていて、ベンチャーだというのにGlobal Fortune500の7割に相当する企業を顧客に持っていた。講演を聞いた友人は大いに感心し、「アメリカに凄い日本人がいる」と思ったそうだ。

二人は自然な流れで意気投合し、後日の再会の約束を交わしてその日は別れた。数日後、ニューヨークの街に二人の姿はあった。大都会ニューヨークでの同窓の日本人同士の会話は、さぞ話に花が咲いたことであろう。ＩＴ革命の話やイーパーセルのビジョンなどをファゥンダーは熱く語った。そしていろいろ話すうち、日本の市場で勝負するため日本法人を立ち上げる活動を開始した、とファウンダーは友人に打ち明けた。社長室長として自分をサポートしてくれる経験豊富な人物を探しているので、「いい人物がいれば紹介して欲しい」と。

友人からのメールがその日のうちに届いたことを記憶している。近々ファウンダーが日本に行くので、その機会に一度彼に会って話を聞いてお手伝いをして欲しい、という内容だった。「承知した」と友人にメールを返信した時点では、今の自分の姿は想像すらしていなかった。

都心のシティホテルのスウィートルームを日本法人の設立準備室として借りていて、その部屋で初めてファウンダーと会った。挨拶程度の言葉を交わして食事の場に席を移した。いろいろ話すうち、やがて話は核心に近づいてきた。「北野社長、今の会社の社長を辞めて僕のところで社長室長として働いてくれないか」と。思ってもいない展開に驚きは隠せなかったが、心地のよさを感じたことを今でも鮮明に覚えている。以来、ファウンダーが来日して会うたびにその話はますます具体化してきた。

インターネットが世界中に爆発的に普及していく中で、その流れに背を向けたまま一生涯保険ディーラーとして生きていくことに対する〝迷い〟や〝焦り〟といったことを感じ始めていた頃でもあり、初めはまったくその気がなかった私も、その世界観の大きさに徐々に引き付けられていった。

また、当時の保険業界は護送船団方式で守られており、損害保険各社の商品に差異（ユニーク性とか競争優位性）はないため、競争力がない商品を販売することにある種のストレスを感じていたことも事実である。

その点、イーパーセルの技術は世界最先端でしかも独自性があり、とにかく尖っていて、強い競合相手は存在しない。頑張り次第で日本市場でも十分ブレイクさせることができる、と思いを強くした。気が付けば、最後は首をタテに振ることになった。こうして2000年の秋からイーパーセルにジョインすることになった。

e-FedExを目指した、世界初・世界最先端の独自配送方式

ファイル転送と一口に言っても、いろんな仕組みがある。弊社以外の殆どの仕組み

は、リアルな世界でいうところのコインロッカーを受け渡しの仲介に使って、送信者から受信者までファイルを移動させている。

コインロッカー方式では、たとえば、私が山田さんに荷物を受け渡すとき、私は東京駅のコインロッカーまで出向いてそこに荷物を入れて鍵を閉めて帰ってくる。それから山田さんに、「山田さん、私は北野と言いますが東京駅のコインロッカーに荷物を預けました。鍵はどこそこに隠してあるのでその鍵を取得しコインロッカーを開けて中の荷物を持ち帰ってください」と手紙で知らせる。これと同じことをネット上でやっているのである。コインロッカーはネット上ではオンライン・ストレージだ。そこに荷物、即ち電子ファイルをアップロード(コピー)し、受け取る方はそれをダウンロードする。殆どのファイル転送サービスは、このオンライン・ストレージ方式と呼ばれる仕組みだ。手軽で安直なやり方であることには違いないが、ストレージに電子ファイルのコピーは残ったままだし、受け取りに来た受信者が指定した本人であるかどうかも分からない。しかもダウンロード途中で電子ファイルが盗聴されていたり改ざんされていても何の保証もない。これではＢｔｏＢでの企業間取引では使い物にならない。

これに対して、イーパーセルは電子ファイルの受け渡しをどのように実現しているのか？

リアルな世界における宅配業者をイメージしていただくといい。「北野さん、山田さんに届ける荷物を受け取りに来ました」と宅配業者がやってきて荷物の受け取りサインをして業者はトラックで山田さんのオフィスに向かい、玄関先で「山田さん、北野さんからのお届け物です。身分証明書を見せて下さい」といって社員証とか名刺といったもので本人確認をして荷物を渡して受け取りサインをもらう。宅配業者は北野さんに、「何時何分に確かに山田さんに受け渡しました」と連絡する。

これと同じことを弊社はヴァーチャルなネットの世界でやっている。つまり、荷物をどこかに預けるのではなく、ちゃんと荷物を相手の玄関先まで届けるのである。そのためのサーバーはインターネット上にあるが、オンライン・ストレージとは全く異なる特別な機能を有している

弊社のサービスを利用するには、送信者と受信者は共に端末にイーパーセルのソフトウェアをダウンロード・インストールする必要がある。そのソフトウェアには電子証明書がくくり付けられており、これがお互いの身元を保証しあう。

そして、このサービスを利用している世界中の数千社に及ぶ会社の社内端末から常に弊社のサーバーに向けて、「何か自分宛の荷物は届いていないか?」と一定間隔で問い合わせを行っている。もし荷物があれば、その荷物、即ち電子ファイルを自動的に持ち帰ってくる仕組みだ。

送信者が電子ファイルを送ると、その電子ファイルはパケットに分割されてアップロードされるが、その最中であっても、受信者からの問い合わせがサーバーに来た時点で最初のパケットを確認したら、もうあとは自動的に電子ファイル全体のダウンロードが始まる。言うなれば、弊社のサーバーは、心臓のポンプのような役割をしながら、パケットを吸い上げて吐き出しているのである

一般的なオンライン・ストレージ方式をプル型、対して弊社の方式をプッシュ型と呼んでいるが、両者の仕組みにはこれくらい大きな違いがある。

相手のネットワーク環境は気にしない

弊社のファイル配送方式は、そもそもインターネットは危険で不安定な通信インフ

ラであることを前提としているので、インターネットが如何なる状況に直面しても安全・確実に電子ファイルを配送できるように設計されている。

日本国内はブロードバンドで通信回線も平均的に高品質である。一方、東南アジアや中南米、アフリカなどの海外地域では回線も細く品質は劣悪なため、少し容量が大きな電子ファイルを送ろうとした場合、それが欠損することなく受信者まで届くことは奇跡に近い。何とかしたければ、電子ファイルを極小容量に細かく分割し、何度も何度も根気強く送るのである。しかし、こんなことをしなくてはいけないようではビジネス用途には耐えられない。

産業利用での電子ファイル配送は、万に一つの送信(受信)エラーも発生することは許されないから、①安全であること(双方端末を電子認証し、通信経路と電子ファイルが暗号化され、サーバーに電子ファイルのコピーを残さないこと)、②確実であること(電子ファイルが欠損せず、リトライの必要がないこと)、③手軽であること(新たなハードウェアの設置が必要なく、送受信双方のネットワークのファイアウォールやプロキシの設定変更が要求されないこと)、が最低条件となる。

送信のオペレーションさえ終了してしまえば、受信者側のネットワーク環境など一切気にすることなく、安全・確実に必ず受信者に届くことが技術的に保証されていることが重要なのだ。

オリンピック競技と運動会の違い

高品質でセキュアなファイル配送市場における弊社のシェアはNo.1である。マーケットリーダーなのだ。

弊社のサービス利用顧客数は、2013年に6,000社を突破した。おそらくこの数字は、業界ダントツであろう。

弊社が日々戦っているフィールドは、スポーツ競技に置き換えればオリンピック競技のようなもので、運動会とは違うのである。オリンピック競技で使われる砲丸投の球や円盤投げの円盤、或は水泳選手が身に付ける水着、等々を考えて欲しい。それ等には世界最先端の科学技術の粋が集まっていて、さらにそれをつくる五輪職人の匠の技がなければ完成しないのである。極端に尖っていることが、ますます市場への参入障壁を高くし、競合相手が現れにくい構造になっているのだ。

イーパーセルの利用顧客数の推移

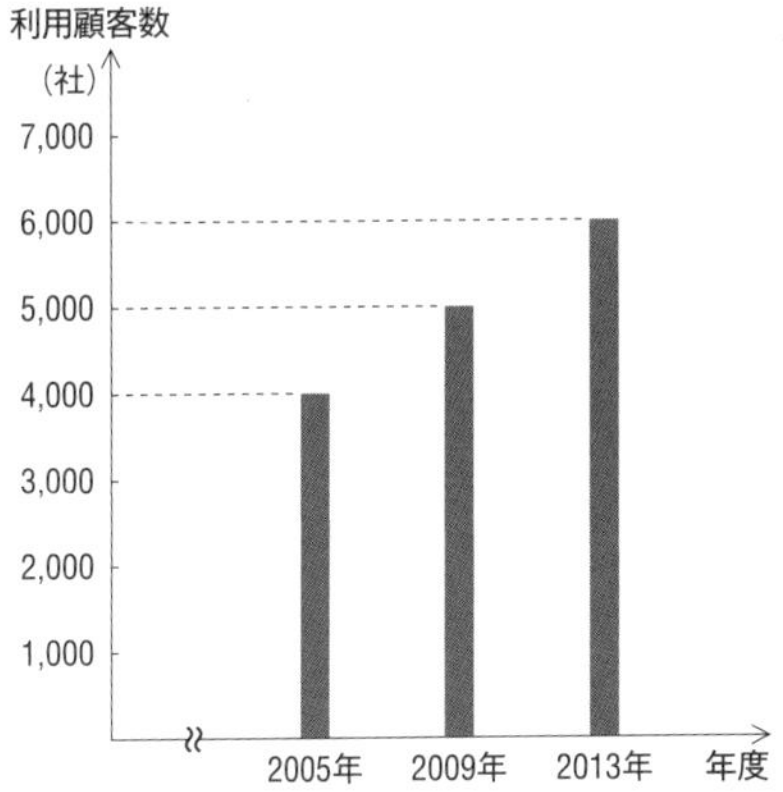

一方、運動会で使われる各種競技用道具を思い起こしていただきたい。A会社で製造されたものを購入しようが、或はB会社であろうが基本的に差異はない。つまり最低限の機能を有した同じような競合製品だらけなのだ。

このことを弊社のビジネスに置き換えて説明したい。

「回線品質が悪い海外のネットワーク環境下の端末に向けて巨大容量の電子ファイルを送信しても壊れることなく確実に届く」、また「一日数万回にも及ぶ送信を行っても一度のエラーの発生もなく受信端末まで届く」、このレベルのサービス品質が要求される市場をオリンピック競技と定義している。その競技においては弊社の競合製品は存在せず、シェア１００％と言っても決して言い過ぎではない。一方の運動会は、「電子ファイルが配送中に壊れてしまったら、もう一度送り直せばいい」とか

「100回に2、3回程度のエラーは仕方ない」といったレベルの品質でも許される競技だ。だから、競合製品が多すぎて弊社製品の本来の強みが活かされないから、こういった競技には参加しないのである。

具体的なオリンピック競技では、自動車メーカーが30ギガバイトの三次元CADデータを南アフリカの現地取引サプライヤーに送ったり、金融機関が自社の複数の異なるデータセンターのシステム間をインターネットを使ってセキュアにつないだり、と極端に高いレベルが要求される。

因みに、米国創業会社のメジャーなお客様は大手金融機関だった。実際、大規模産業利用第一号の顧客は、リーマン・ブラザーズ証券だった。同社は、イーパーセルを採用して全世界450社の取引先に債権インデックスに関わるポートフォリオデータを配送していた。この配送を通して、e-MarketPlaceを構築し、顧客の囲い込み、注文受注の増加など、成果を上げていた。

日本では製造業とジャストフィット

米国の実績を引き下げて日本の市場に乗り込んだ。米国と同様に金融業界が最も製品とのフィットネスが高いだろうと考え、株主のネットワークを使って、銀行、証券、保険等のありとあらゆる金融機関のIT部門に徹底した営業を掛けた。しかし、ベンチャー企業が日本の金融機関と取引きする難しさを知るには多くの時間を要さなかった。ファウンダーが防衛産業に従事していた頃に感じた矛盾と同じような矛盾が、やはりこの国には存在していた。

技術の先進性やその素晴らしさは理解するのだが、なかなか採用にまでには至らないのである。何故か。ベンチャーの独自技術を採用するリスクを極端に嫌い、しかも徹底した実績主義だから。そもそも創業間もないベンチャーの製品は世界標準ではないし、採用実績を問うこと自体がナンセンス。しかし、文句ばかりも言っていられない。明快な次の一手が必要となった。

どう工夫すれば金融機関に売れるのか、の検討は中止して、他の誰に売りに行けばいいのか、を考えることにしよう、と。

弊社の技術は、インターネットの産業利用を可能にした。したがって、それが意味することは、〝コストの削減(物理配送や専用線のリプレース)〟であり〝ビジネスの

2012年度ファイル転送ツール
市場占有率

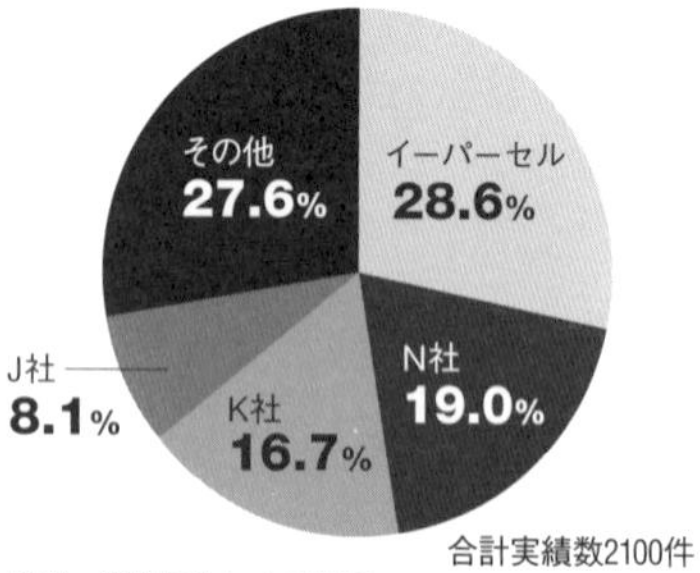

出典：(株)富士キメラ総研
「ソフトウェアビジネス新市場2013年版」

リアルタイム化（リードタイムの短縮）〟である。この事実に最も敏感な産業の現場を探せばいいのだ。

日本の製造業界を考えて欲しい。円高を背景に生産拠点を製造コストのより安価な新興国、例えばミャンマー、タイ、ベトナム、インドネシアなどの東南アジアやメキシコ、ブラジルなどの中南米への移転を加速させてきている。この新興各国に共通していることはなんだろう。ネットワーク回線は細いし、インターネットはプッツ・プッツと切断するのが当たりまえ。そう、これらの国や地域の通信回線品質は極端に劣悪なのだ。

この環境下で製造業がインターネットを利用するとなると、企業側は、前述したオリンピック競技への参加となる。厳しいネットワーク環境下におけるファイル配送で、データの安全性と確実性が求められるからだ。オリンピック競技であればイーパーセルが採用されると確信し、グローバルに展開する製造大手のエンジニアリング系大容量データ通信の担当現場に徹底して営業を掛けた。日々コストと戦い、製品開発期間を一日でも短縮するにはどうしたらいいかと悩んでいる製造業の現場には、矛盾というものがまったく存在しなかった。いいものは採用しよう、と。

今では、輸送機器(自動車産業)を筆頭に、機械、精密機器、電気機器などのグローバル化に成功した日本を代表する多くの製造業の現場でお役に立っている。その数なんと、現在6,000社を超えている。

国産の技術ベンチャーとして、日本のBtoB市場で大きな成功を収めたい

日本国内では、コンシューマーを対象にしたアイデア勝負のビジネスやパッケージソフト販売会社の成功事例は数多あるが、冷静になって考えてみて欲しい。国産技術で世界を相手に、BtoBで成功したITベンチャーを思い浮かべることができるだろうか。そう、意外にないのだ。何故か。前段でも触れたが、日本の大手企業のIT部門は徹底した実績主義だし、ベンチャーの製品を採用するリスクを極端に嫌う傾向がある。また、取引のあるITベンダーに製品検討を丸投げしている企業すら見受け

られる。IT部門の担当者が判で押したように口にする言葉がある。「御社の技術はグローバル・スタンダードですか?」

グローバル・スタンダードとは、その言葉どおり世界標準のことだが、アメリカン・スタンダードと同値と考えてよい。米国の多くの大手優良企業で採用されているものならいい、と。ベンチャーにとってそれを実証することはあまりにも困難な話だが、成功のための必須の第一歩であるなら、避けて通ることはできそうにない。ならば…。

弊社には、1990年代後半に取得したインターネット上の通信に関する11件の米国基本特許がある。特許の申請時期はインターネット黎明期であったから、将来インターネットが産業利用される時代が到来したときに必要とされるであろう様々な要素技術を網羅的に定義し、その一つひとつを基本特許として取得している。

ならば、それから10年以上を経過した現在、成熟した米国の市場でITビジネスを手掛ける大手優良企業の中には、知らず知らずのうちに弊社の特許を侵害している可能性がある製品やサービスを提供している会社が少なからずあるのではないか、ということに思い当たった。そこで、大手企業が手掛ける製品やサービスを徹底的に調査・研究し、特許技術を侵害している可能性があるものを幅広く抽出し、弊社のビジネス上でコンフリクトを起こさない相手企業のものに絞り込むため、米国の大手特許運用会社と提携し、徹底して議論を繰り返した。その結果、２０１１年4月、グーグル、ヤフー、ＡＯＬ、ＡＴ&Ｔサービス、ベライゾン・コミュニケーションズなどグローバルに事業を展開する世界的規模の米系超優良企業13社にターゲットを絞り込み、米国の地で特許侵害訴訟を起こした。

特許に関するライセンス契約書にサインを貰うことをゴールとし、それを以って勝利としよう、と。

訴訟は当初思っていたほど長期戦にはならず、和解第一号となるリサーチ・イン・モーション(以下、ＲＩＭ)との契約は当年8月で、２０１２年11月の契約を最後に、ＲＩＭを含む12社及び訴訟相手以外の1社をカウントすると計13社との間で特許ライセンス契約を締結した。

悩んだ末に抜いた伝家の宝刀『米国特許侵害訴訟』は、特許はあってもビジネスで苦戦を続ける日本企業の中にあって、名も無い日本のベンチャーが世界的な大企業を相手に特許を武器に果敢に戦う構図として捉えられ、自社の技術への誇りとベンチャーの意地を通した経営者の物語として、新聞や雑誌、或はビジネス書などの様々な媒体を通じて概ね好意的に報道された。

それらの報道がもたらしたものは、〝ブランディング〟と〝マーケティング〟の勝利だが、平たく言えば、会社と製品の知名度が一気に上昇したことによる、爆発的な顧客数の増加であった。真の勝利はそこにあったのだ。

現在、弊社の従業員数は6人で、社長の私ともう一人の取締役(技術部長)を含めても僅か8人に過ぎない小所帯だが、収入は6,000社を超える利用顧客によって支えられており、且つその大部分が大企業との直接取引によって成り立っている。

「6,000社をたった8人でマネージする?」と耳を疑うような数字だが、紛れも無い事実である。これを可能にするのは、高い技術力に他ならない。その高い技術力によって弊社のソフトウェアは混じりけなしに純正化され、安定した高い品質を市場に提供している。これこそが少ない人員で安定的に大きな収益を生み出す源泉になっている。

創業以来、弊社が一貫して最も大切にしてきたものは、『品質』である。脇目も振らず品質の向上にすべてを捧げてきたと言っても過言ではない。製品品質が安定するまでのある時期、品質向上のための作業が徹底的に繰り返された。もちろんこの作業には終わりはないが、気が付けばいつの間にか高度なレベルに達していた。親しい銀行家は、弊社のことをこんな表現をして説明する。「小粒だが爆発力のあるベンチャー」だ、と。弊社も銀行が取引を熱望するようなレベルには到達しているのであろうが、そこからもう一歩踏み込んでみたい。私は、市場から熱狂的な歓迎を受ける企業に脱皮することを以って、ＢｔｏＢでの成功と位置づけ、取り組んでまいりたい。

株式公開について

現在、売り上げ規模は数億円だが最終利益率が突出して高いので、とても高効率なビジネスモデルに進化を遂げた。時代の流れや社会の変化に柔軟に適応させながらビジネスモデルをチューンナップしてきた結果だと思う。

一般論に過ぎないが、売上が増加すれば、当然コストも比例して増えるものである。売上を伸ばすためには、多くの人を雇い、便利な場所に事務所を構え、さらに営業所まで出すことになれば、莫大な設備投資が必要になる。

しかし、私は、そういうビジネスにはまったく興味がない。弊社は最先端のITベンチャーだから、損益分岐点を越えた先の収入の殆どは利益になる、そういう極端に高い収益構造の会社経営を目指している。

製品品質を上げることに技術部門のリソースの大半を徹底して投資しているから、製品トラブルなどというものは殆ど認められない。だから、サポート要員を増員する必要性は感じられない。また対象とする市場は超ニッチ市場だから、収益増に比例してセールス要員を増員する必要性もあまり強くは感じられない。事実、社員数はここ数年、6名のまま変化はない。

リーマン・ショック以前の2006~2007年頃、弊社でも株式公開が大きな話題となり、株主を中心にステークホルダーらとの間で盛んに議論が交わされた。

ビジネスモデルはシンプルで、技術は世界初・世界最先端でユニークだし、さらに有効な米国基本特許も11件保有している。しかも超ニッチ市場で創業以来ずっと先頭を走り続けているから、株式公開すればかなりいい株価になることは間違いないだろうといわれていた。それが幾度となく繰り返された証券会社とのアナリスト・ミーティングから引き出された率直な評価だった。

株式を公開する第一の目的は、市場から資金を調達することであろう。当然、効率よく有効に資金を事業に投資をすることでビジネスを加速させることが市場から要求される。株式公開後により一層の成長を続けるためには、新たな販売チャネルを構築するとか、海外へビジネスを展開するとか、あるいはまったく新しいビジネスモデルを設計してチャレンジする、といったそのエンジン部分となるプランが用意できていないと、ただ単にキャッシュリッチというだけでは、公の企業として市場の満足感は決して得られることはない。だから、悩みに悩んだ。

そんな悩ましい状況が続く中の2008年9月、世界を震撼させたリーマン・ショックが起きた。弊社のコアなお客様が集中する製造業界への影響は少ないだろうと直感し高をくくっていたが、時間の経過とともにそれが大きな間違いであると認識せざるを得なくなった。リーマン・ショックの影響はボディブローのようにじわりじわりと利いてきて、株式公開に向けた経営のスピードを鈍化させてしまったのだ。

『新・電子宅配便構想』を立ち上げ、グローバルに勝負をしたい

２０１６年6月、弊社は、創業20周年を迎える。振り返ると、長いようで短い、短いようで長い、そんな道のりだった。

インターネットの黎明期に『電子宅配便構想』を立ち上げて電子ファイル配送市場を創り出し、世界で始めてそれの事業化に成功した。以来、常に市場をリードし、市場を盛り上げ、市場の品質を高めてきた。その甲斐あって、オリンピック競技という超ニッチ市場を形成することができ、そのマーケットリーダーとして市場を牽引してきた。

私は、今後5年以内に、株式公開も一つの成功への選択肢として、ＢｔｏＢで大きな成功を収めたいと真剣に考えている。そして、その次の段階では、創業の地である米国にビジネスの活動の場を広げ、グローバルに勝負をしたい。いずれは、世界が相手だ。

さらに欲張りだが、グローバルに勝負をするなら、新たなコンセプトを立て、産業界の最先端の現場で鍛えられ培ってきたインターネットを使った通信技術をベースに新しい製品開発を行い、新たな市場創出にもチャレンジしたいと考えている。『新・電子宅配便構想』の立ち上げである。

新構想では、コンシューマーが親しみを持っているメジャーなデバイスとの新たな製品フィットネスを検討したい。

携帯電話やスマートフォンに弊社のコア技術を使ってアプリケーションを開発して標準搭載しようという大手企業の動きも活発化してきているし、デジタルカメラとのバンドル化の商談も進行中だ。こういった少しチャレンジングなプロジェクトも含め、様々な試みをじっくりと熟成させていく中で、巨大な成長エンジンになる大きな可能性を秘めたコンシューマービジネスに進出することを検討してみたい。もし、株式公開するなら、そこに照準を合わせてみるのもよいだろう。

これからの時代が、ますます面白くなってきた。


（北野譲治・イーパーセル社長）

北野譲治

イーパーセル社長

略歴　きたの・じょうじ　1962年（昭和37年）12月生まれ。86年3月早稲田大学理工学部建築学科卒業後、大東京火災海上保険株式会社（現あいおいニッセイ同和損害保険株式会社）入社。91年に退職し保険ディーラーの会社を設立、社長に就任。2000年イーパーセルに入社、執行役員。04年代表取締役社長兼CEOに就任。

シャノン

化学の学生

高校時代には、個人的には、某国立大学を目指していた。ところが一浪しても受からず、慶應義塾大学工学部に入ることになった。専攻は化学で、4年のときに慶應で初めて生物＝バイオの学科ができたので、4年になると免疫学の基礎研究をするようになった。

免疫はなぜ人間にできてきたのか、ということを研究していた。生物学的な発生の樹形図を作ると、脊椎動物と無脊椎動物というのがある。海にいるホヤがこの脊椎動物と無脊椎動物の中間的な生物で、その脊椎のようなところに海水か血液かよく分からないようなものが入っている。そこに人間の脊髄ができてくる原型があるとされており、その血液を研究していた。

海のある所まで行って、ホヤを大きな水槽いっぱいに、手に入れた。白衣を着て、それを解剖して、血液を分析したりしていた。

このように最初は特にＩＴに詳しかったわけではなく、ワードとエクセルは触ったことがある、というレベルだった。

やりたい仕事がなかった

慶應義塾大学理工学部で4年生だったとき、1997〜98年の頃、有限会社としてこの会社をつくった。当時、資本金は300万円。同じ慶應の仲間3人でお金をかき集めて設立した。

当時、ブイキューブの間下直晃氏も慶應の理工学部で起業をしていた。

大学3年生の秋頃、就職活動で「どこに就職しようか」「この先、人生で何をしたいのか」と真剣に考えた。真剣に考えた結果、やりたいことが何も見当たらないことがわかった。この先、やりたいことが何もない。極端な話になるが、そうなるともう生きていてもしようがない、ということになった。ならば自死するしかないのではないかと思った。思い悩んだというより、絶望したということだと思う。では死のうと本気で考えたとき、奈良に住んでいる親のことがふと頭に浮かんだ。死んだらさすがに親に悪いなという気持ちがよぎった。そのときに、親には大事にされていたのだと初めて気がついた。自分はたまたま親がいて恵まれて育っているから、こんなごちゃごちゃしたことを考えているのだ。それで結果的に死ななかった。

もし親がいなかったらどうなっていたか。親がいない人も世の中にはたくさんいる。もしも私も親がいなかったら、あの時点で、自分は生きていなかったかもしれない。親のいない人たちのために自分が人生を通して何かできるなら、自分が死ぬときに人生を振り返って、そんなに悪い人生ではなかったと思えるのではないか。そう考えると何か自信のようなものが持てるようになった。ならばそれを自分の夢にしようと考えた。

個人的にはだから、親のいない人100人を育てることが夢になった。

この会社でやっているビジネスとは、はっきり言って、全く関係ない話だが、それが自分の起業の原点になっている。

ではその夢のために自分はどうすればいいのか。

自分は理系の学生だが、大学院へ行くか、企業に就職するか、会社を作るか、選択肢はこの3つしかない。

当時はサークルのような「乗り」で会社をつくることが流行っていた時期だ。その延長線上で会社をつくることを考えたら、やはり一番それが近道ではないかと思った。大企業に就職してトップに上り詰めることができる確率とか、給料・年齢などを考えていくと、自分の夢を実現できるのはだいぶ先になる。ノーベル賞を取っても1億円ぐらいにしかならない。自分ができることはかなり限られている。普通にやろうとすると難しい。どうやら自分の力で、自己責任でやっていくしかないことがだんだんわかってきた。

起業が成功することに自信があったわけでも何でもない。それができなければ生きている意味を感じられない、ということがスタートラインだった。だから恐怖心にとらわれることもなく、腹をくくれたのだと思う。仲間二人ぐらいなら何とか食べさせていくことができるだろうと思い、この会社を始めることを決めた。

Linuxで動かすオラクル・データベース

当初はＹａｈｏｏ！のような、インターネット・サービスの会社を作りたいと考えていた。当時はまだインターネットはアナログ回線のモデムを使っていた頃で、通信速度は56キロｂｐｓ程度。ＩＳＤＮの64キロもまだなかった。夜中に「テレホーダイ」(当時あったNTTの定額制サービス）で、米国のインターネットを見て、世界的にこんなものが出てきている、といった話を仲間としていた。Ｙａｈｏｏ！はその当時、既に注目されていた。

日本が情報化社会に向かう中で当時、切り口を女性にしたら情報の専門性が出て面白いのではないか、と仲間内で考えていた。女性向けポータルサイトは当時、既にいくつか存在していた。ではどうやって検索エンジンをくるか。一生懸命考えて作った。結局、それは世に出さなかった。いい線まではいったが、私たちが出す前に当時、大資本が入ったビジネスで先行しているところがいくつかあった。それで私たちは諦めたのが実情だ。だが結局この分野で大成したビジネスはいま、日本にはない。

学生から見ると、私たちが２００万、３００万円集めるのに大変な苦労をするのに、片や競合は資本金１億円などと書いてある。これではどう考えても勝負にならないと考えた。

ならばこの延長線上にあるものはもうやめようと考えた。しかしインターネット・サービスを作ることは自分たちでできたので、その技術で開発の仕事はいくらでもあるだろうと、取りあえず、周りの人にこういう会社なので仕事を下さい、という形で会社を始めた。

パソコンを使った仕事は、過去に、派遣社員的に、アルバイトのようなことはやっていた。だからそういう会社からまず仕事をもらった。たまたまその一番最初にきっかけをもらった仕事が、実は今のビジネスにつながっている。

当時、某大手出版社で、東京ビックサイト等で実施されるＰＣの展示会を開催していた。Windows全盛期のＰＣ展示会だ。

当時、こういう展示会では、米国では既に一部でオンライン申込みができたり、チケット発券や決済も行われていた。日本ではまだファックスでの申込みが主流。その出版社はそういった展示会をいくつも開催していて、オンラインで情報を流したいと考えていた。それで開発できる人を探していた。当然、彼らも当時、大手のＳＩｅｒ（エスアイアー＝システムインテグレーター）と付き合いがあったが、そういう開発はできないと断られていた。

「できますか？」と、その会社から仕事の話がたまたま入ってきた。当初、できるかどうか、どころか、相手の注文の意味も分からない状態だったのに、取りあえず「できます」と答え、帰り道に書店に寄り、オラクル（米国のソフトウェア会社）のデータベースの本を買ったことをいまでも笑い話のように覚えている。

条件は、Linux（リナックス＝パソコン基本ソフトの一つ）の上でオラクルのデータベースを動かす製品を作って欲しい、ということだった。当時、Linux版のオラクルは米国でもアルファ版（開発者向けバージョン）かベータ版（試用版）しか出ておらず、正式版は出ていなかった。

先方はオラクルのライセンスが余っていたようで、それを使って欲しいということだったが、当時の日本の細い通信回線を使って米国から夜な夜なオラクルのソースコードをダウンロードし続け、ソースコードを集めて取りあえず動かした。

当時Linuxにはまともなエディションがなく、「フリーBSD」のようなOSしかない時代だったが、それでも何とか、展示会システムが完成した。

これが今日、イベント業界にずっと携わるきっかけになった。

製品は2000年秋～冬頃に完成した。この製品はSIerとして作ったものであり、いわゆる受託開発で提供したものだ。次のイベントは、ではこうしようとか、あれもやろうと、とにかく1年中、彼らが開催するイベントの大半の仕事を任せていただいた。これがきっかけで今があるので感謝しかない。

第一次「ASP」ブームで転機

こうしてそれから1年間は結局、他に営業をしたこともなく、顧客である同社の仕事に追われる毎日だった。実は当時、同社には自分が学生であることは伝えていなかった。

先方からは何度か「何か中村さん、若いね」とよく言われていたが、「そうですか？」ととぼけていた。

会社に電話がかかってくると、置き時計の鳩がぽっぽと泣くような呼び出し音がした。どこで仕事をしているのかと聞かれても、「いろいろなところでやっています」と、適当なことを言っていたが、本当は自宅のアパートだった。

さすがにアパートにお客さんが訪ねてきたときは「何じゃこりゃ？」と、かなり不安を与えたようだった。でも製品は確かに納品されているから、仕事上は問題ないだろうと判断された。

そんなことで、こういう仕事を1年間やっていたあるとき、ふと考えた。

あれほどの大会社が私たちのような零細の有限会社に仕事を頼むのはなぜか？

仕事を頼むといってても直接ではなく、別の会社をいったん介しての紹介の仕事だったが、クライアント側はどんな人が仕事をしているのかはよく把握していた。

仕事をもらっていた立場で生意気な話だが、何で同じような仕事ばかり来るのかと考えていた。いいかげん同じようなことをするのは嫌になっていた。それにソフトウエアやパッケージのこと、業界の仕組みなどについても徐々にわかるようになっていた。それで、こうしたサービスを欲しい人は世の中にたくさんいるはずだから、このサービスを広く提供したらどうかと考えた。

当時、2001年頃は、米国でセールスフォース・ドットコム（本社カリフォルニア州）という会社が注目され始めていた。それまでのパッケージソフトから、ネット上でのサービス提供に切り替わるという、いまのクラウド・コンピューティング・サービスの走りである、第一次ASP（アプリケーション・サービス・プロバイダー）ブームの幕開けである。

いま思うと、私たちは当時、パッケージ・ビジネスを実はよく分かっていなかった。というのも、パッケージ・ビジネスはパッケージソフトをCDに焼いて売ってしまえばそれでおしまい、売り切りのビジネスだと勘違いしていたからだ。売ってから後に、アフターサービスとして正価の20～30％の報酬がずっと入ってくるということが分かっていなかった。もしそれが分かっていたら、私たちはそこからパッケージ・ビジネスにそのまま入っていったかも知れない。

不動産で考えてみるとわかりやすい。

世の中には必ずしも家を買う人ばかりではない。賃貸で住みたい人も半数はいる。売り切りと賃貸＝レンタルのニーズは、どの分野にも半々はあるだろう。しかも世の中には少ないレンタルのほうが、ビジネスの変化のスピードを考えたら多分、使いやすい。これからは絶対、賃貸の時代だろう。提供する側としても収益は安定的だし、世の中全体がそっちの方向に向かうのではないかと考えた。

そう考えて始めたのがいまのビジネスだ。

実はベンチャー向きではないクラウド・ビジネス

しかしこのサービスを続けて7、8年、08年頃までは確かな手応えを感じたことはなかった。だが今日、これを続けていたから、いまこうしてクラウド・ビジネスだけで食べていけるようになった。世の中の方向は絶対にそうなると思ってやり続けてきたことが、結果的に勝ち残ることに繋がった。

パッケージ・ビジネスは基本的には相手側にお渡しして使ってもらうものだが、これだと環境が変わってくると、ソフトを更新したりする必要が生じ、売り手側からのコントロールが非常に難しい。その代わり、卸などの従来のビジネスの商流があるので、売れる製品を世に出せた場合には一気に売れる状況にある。多分、会社がすぐに大きくなれるのはこちらのビジネスだ。「勘定奉行」のOBC（オービック・ビジネス・コンサルタント）さんなどはその典型だろう。ただ、販売の規模がだんだんと大きくなってくると、ますますコントロールは難しくなる。

一方、クラウド・ビジネスは、提供側が持っている一つのサービスをユーザーに使っていただくだけなので、売り手にも、買い手にも、使い勝手がいい。ただ、製品やサービスを開発する難易度は高い割に、パッケージ・ビジネスと比べて有利なのかはいまでも証明はされていないと思う。現実に、クラウド・ビジネスの先駆的会社である米セールスフォースが、ほかの有力なソフトウェア会社と比べてずば抜けて利益率が高いということはない。

ただ、ビジネスの提供スタイルは利用料ビジネスであり、要するにレンタルと同じなので、パッケージ・ビジネスと比較するとやはり使いやすさの優位点は絶対的だ。それを背景にいま、クラウドが世の中に広がっている。

クラウド・ビジネスをイメージするには、いわゆるインフラビジネス、例えば電気やガス、水道などを考えてみるのがいい。

電気やガスや水道は、皆さんが使いたいときだけ、使った分だけお金を払うモデルだ。たくさん使ったらたくさんお金を払わなくてはならない。使わなければ安くすむ。しかし提供する側・売り手側は、インフラを整備するのにばく大な投資が必要になる。ガス管を敷いたり、発電所を作ったりしなくてはいけない。

だからソフトウェアのインフラをそのように提供するには、提供側がばく大な先行投資をしてインフラを整備し、できあがったものをみんなで少しずつ使うというスタイルが必要となる。従って、実は、あまり資金力がないベンチャー向きのビジネスではないのだと思う。

本当は、やはり資本を多く持っている大企業が大きな投資をして、ある程度ロングスパンで回収して収益を上げるビジネスだ。

それなのにベンチャーの人がこの分野の開拓に熱心なのは、ベンチャーの方が新しいものに取り組みやすい環境があるからだ。一方の大企業からすれば、何億円もの資金を投下したところで月何万円という小さな単位のお金をたくさんの会社から集めなくてはならないので、効率が悪いし、単年度では絶対に黒字にはならないビジネスだろう。しかし、現在の経営環境を見れば、収益は皆、おしなべて厳しい状況になっている。ＩＴ開発の海外移転や、さらにいまクラウド化の波が押し寄せているように、いずれそちらのビジネスに市場が流れていくのは明らかだろう。会社単体で見ても、旧来型のビジネスの売上げは縮小していくので、生き残りの方向性としては非常に厳しい選択を迫られることになるが、そちらに舵を切らざるを得ない、ということだろう。

そのとき、私たちの強みは、最初から専業で続けてきた、ということになる。実はそうやっていれば成り立つビジネスである。従来型の受託開発専門企業ではそれが難しい。他業界で考えてみると、分かりやすいのが出版業だ。

紙媒体の出版物とデジタル出版がいませめぎ合っているが、大手出版社は既存のビジネスがあるからデジタル化には本気を出せない。大手が本気になれば、大手には情報取捨能力もネットワークもあるので、あっという間にデジタル化が広まるだろうが、そうならない。そうこうしているうちに、デジタルだけでやってきた外様の会社が一気に業界地図を塗り替えてしまうことになるだろう。

セキュリティ問題で逆に普及に拍車

私たちがこのサービスをASP仕立てにして取りあえず始めた当時、一つそこで課題となったのは、個人情報のセキュリティの問題だ。このサービスは、基本的に個人情報を預かる仕事になるが、個人情報保護法が施行されるのは2005年。従ってサービス提供を始めてから3、4年間は大企業にはなかなかこのサービスは売れなかった。

個人情報保護法の法案が決まり、2年後に施行するという頃には、某広告代理店がISMS（情報セキュリティマネジメントシステム）認証を取ってないところには仕事を発注しない、ということが言われ始め、法施行前に事前にそれ取っておこうという会社が増えた。私たちも小さな会社だったが何百万円も払い認証を整備した。

その頃になると、インフラの環境も光回線が普及してきて、個人情報保護法ができると、当社は正しく個人情報保護の体制が整備されているということで徐々にその製品・サービスは売れるようになっていった。

２０００年代の前半頃から大型の展示会には陰りが出てきた。景気の影響も大きかったが、当時、企業の中でＲＯＩ（投資収益率）ということが言われ出し、マーケティングや広告分野での費用対効果に疑問符がつき始めたこともある。それは一つには、インターネットの広告は成果を測定もできていたのに対し、展示会はどうなっているのか、ということが言われ始めていた。そのあたりから展示会は、企業にとっては予算を徐々にカットされる分野になっていった。

ただそういう中でも、１年に１度、外部の人を集めて発表する機会、新しい出会いの場所は必要だということで、企業のいわゆる「プライベートショー」は増える傾向にある。各企業が自社でホテルを借り切り、一～二日、様々な人を集めて行うショーは、外資系企業を中心にそれ以前から盛んで、この頃から日本企業も競って開くようになった。

プライベートショーをホテルで全部やろうとすると仕組みが必要になる。大型展示会では、オンラインでの参加申し込みや、電子チケッティングを既に利用して経験している人たちが、今度は主催者側だ。そういうシステムがあったはずだが、使ってみたい、という要望が当然、出てきた。当社のホームページは探そうにも見つかりにくいものだったのにも関わらず、そうやって使う側からのニーズが出てきたために、意外にも、大手のソフトウェアベンダーさんが当社のことを紹介してくれたり、また、外資系企業からは直接、問い合わせを頂いたりした。そうやって個別の企業にサービスの提供を開始した。

「セミナー向けソフト」でクラウドに転換

企業のマーケティング部の人たちとのビジネスが始まると、彼らが日頃から様々な製品やサービスを持っているので、それらに関するセミナーのニーズがたくさんあることがわかった。しかし、そういうセミナーでは展示会用の大がかりなシステムは必要ない。もっと簡易にして管理がうまくできないか、ということになった。セミナー用では個別企業向けではなく、もっと汎用的なものでもいいのではないか、という話を聞き、そういうものを作って提供を始めた。

展示会用のシステムは安くても数100万円はするが、セミナー用は10万円、20万円から使えるというようなことで始めたところ、徐々に取引が広がってきた。

そして先述の個人情報保護法の制定があり、06年になるとセールスフォースがサービス同士を連携して利用できるサービス・インフラを提供し始め、私たちもセールスフォースと連携したサービスを始めた。

その連携サービスの検討当時、私たちのサービスはまだASPとして提供する形で、いまのクラウド型の製品ではなかった。

そこで思い切って連携を機にクラウド型のサービスに切り替え、06年にリリースをした。これが私たちとしてはクラウド型のサービスの始まりだった。

そこから1年間は事業転換の期間で、会社は大赤字になった。

製品開発にお金を投資することと、現状の売上を維持することと、新しい売上をつくることとを全部同時にやらなくてはいけなかった。いろいろシミュレーションして、資産に見合った銀行からの借り入れをめいっぱいしても、ざっと1億円くらい資金が足りない。1年間は自分たちで何とかお金をつないでいくしかなかった。

ただ、このタイミングで勝負をしなければ、いまのようなポジションを取ることはできなかっただろう。時間が経てば勝負するチャンスもなかったと思う。

ソフトウェアの世界は勝つところは勝つべくして勝つ。ある意味で、シェアNo.1の会社が勝つようにできている。1番の会社がよりシェアを取っていける、というのがこの分野なのだ。

理由はすごく簡単で、一番売っている会社が一番たくさんお客さんを持っていて、より多く、機能に対する要望の声が集まるからだ。ソフトウェアはそうした機能を集約した製品だからだ。その要望の声に真面目に答えて伸びている会社を超えることは、普通にはできない。第二位、第三位の会社がばく大な赤字を覚悟のうえで投資をして挑まないかぎり、トップの会社を超えることはまずできないのがこの分野だ。

だからここは自分たちとしては大きい転換点だった。小さいながらも当時私たちは展示会・セミナーのシステムではシェアNo.1だった。といっても、そういうサービスをまともに展開している会社はほかになかっただけだった。それを掲げてベンチャーキャピタルを一生懸命説得した。ふたを開けてみたら、抽選しなくてはいけないぐらい投資の申し出が来られるほど認めていただいた。

結局、投資してもらったのが07年。業態転換に伴い、1年間は大きな赤字となった。赤字幅は数千万円にものぼった。売上が1億円ぐらいだったので、当社としては一念発起の大転換だった。しかしその後はずっと、業績を順調に伸ばすことができた。

ワンストップの「統合システム」へ

クラウド・ビジネスへの転換を行い、企業のセミナーとイベントを支援するサービスを提供することによって、ある程度、事業を伸ばしていけることが見えてきた。しかしそれによって新しい悩みも発生した。私たちのお客様となる企業で、本当に悩んでいることというのは、実は、どうやって新しいお客さんを増やしたり、新商品をたくさん売ることができるか、といった、いわば経営の根幹に関わる課題そのものだ。その課題に対して、私たちが力になれるのは、イベントとセミナー、という二つだけであり、そう考えると、私たちが持っているパーツはあまりにも少なかった。私たちは誰のために、何をしているか、と本気で考えると、これだけでは力不足ではないかと感じるようになったのだ。

私たちがお客様企業のために力になろう、ということで、ではどういうサービスを提供していけばいいか、といろいろ考えて到達したのが、マーケティングの「統合環境」というものだった。これさえあれば、他のものはいらない、という製品を目指すことになった。

これがいま、私たちの主力のサービスになっており、2010年から「マーケティングプラットホーム」という名称にして提供を開始している。

それまでのマーケティングの活動を考えると、例えば電子メールのASPサービス、ネットで申し込むファックスやダイレクトメールのサービス、私たちのようなセミナーやキャンペーンのサービス等々、様々な専用のサービスがばらばらと個別に存在していた。お客様は、そういうばらばらのサービスを買っているが、マーケティングのツールとしてそれらを統合的にうまく使いこなしているかというと、なかなか使いこなせていないのが実態だった。これが、これら全てが1つの製品としてまとまっていれば、もっとうまく使いこなせるのではないかと考えた。

最近まで、あらゆる分野において、特定分野の専門性ということが比較的、重視されてきた。自分はそれよりも、かつて様々な分野で注目されていた「ワンストップ」

サービスの時代に、とりわけこのソフトウェアの分野は戻っていくのではないか、という予想があった。情報は、機能を求めると専門的になるが、結局、情報を使おうとすればするほど、複合的に使わないと意味がないことがわかってきたからだ。そのためには、各サービスがシステム的に繋がっていることが重要になる。

世界の潮流を見ても、ワンストップ化に向かうことは見えていた。ここは、私たちもこの方向にいくしかないと考えた。

各サービスのシステムを繋げるにはコストと時間とエネルギーがかかる。繋ぐためにはやはり一定のお金が必要になるからだ。だから一番いいのは、最初から全部のシステムが繋がっていることだ。マーケティング分野では特に、情報の一貫性、統合性が重要視されるので、これは絶対、必要なことだ。

例えば、イベントや展示会でブースを見た人、ホームページをのぞいた人。それらの人にメールマガジンを送って、それをクリックしてくれた人。このように、企業と潜在的な顧客との接点は多岐に亘っているが、こうした情報をいかに把握しているかが企業のマーケティングでは重要になってくる。

私たちの統合システムのサービスを使うと、今年1年のうちどこかで会った人で、

統合型マーケティング支援市場：ベンダー別売上金額シェア

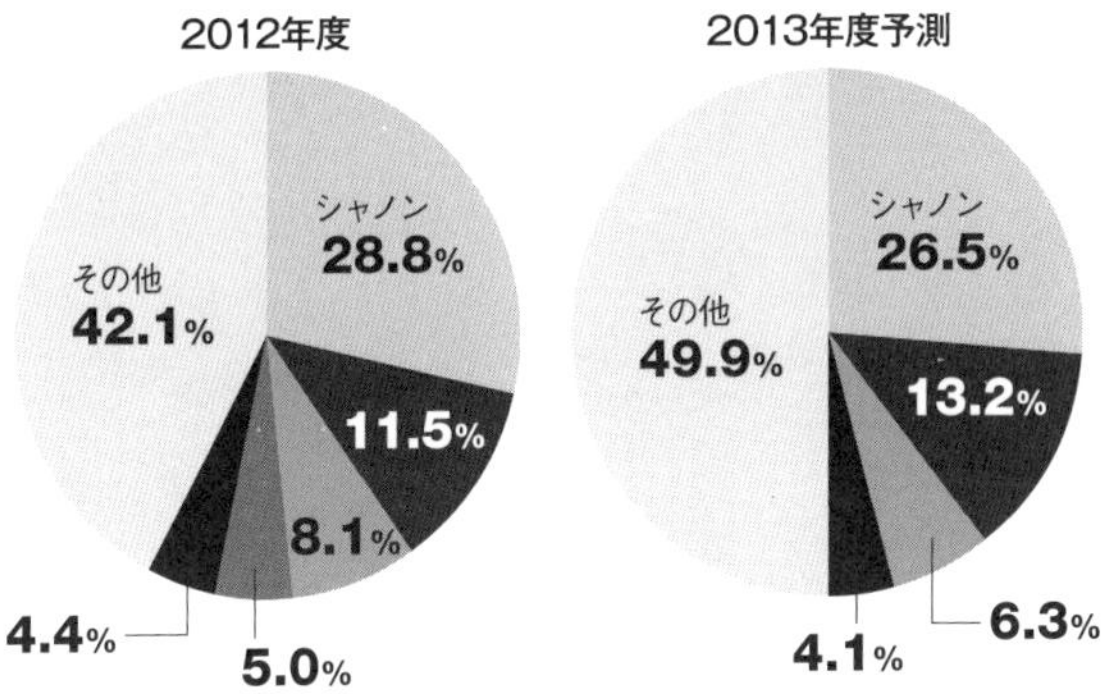

ITR調べ

特に最近3カ月以内にメールを開封した人、しかも新商品のページを30秒以上見ている人――といった検索を、データベースの中から行うことができる。この人たちは明らかに、その企業に関心を持っており、しかも新商品まで見ているのだから、営業をするにはまず、この人たちに対して優先的に行うべきであることが分かる。

海外進出など、今後の戦略

同じようなコンセプトでここまで仕上がっている製品は、国内には存在しないと自負している。似たような統合システムを作っている競合会社は1社だけ存在しているが、彼らはコンセプトとしては違うところを狙っていると思う。私たちはどちらかというと大企業のお客様が中心だ。すでに年間400〜500社のお客様に使用していただいている。

いま、私たちの製品は約6割が直販だ。いま主力となっているマーケティングのインフラとして使う場合はこちらのルートだ。残り約4割が代理店経由の販売で、代理店となるのは大手の広告代理店などだ。

資本金は、準備金まで入れれば調達が延べで3億円ぐらいに達している。最初の投資は複数社に参加いただき、米セールスフォースは米国から直接、投資してもらった。このほかオリックスやNTTグループなどからも投資してもらっている。投資家の皆様とのお約束もあり、もちろん株式の上場を目指している。

海外進出も果たしており、中国・上海に2013年9月に開発のための子会社を作った。

販売に関しては様子を見ている段階だが、いま、世界で一番、トレードショーなどのイベントが多いのは上海なので、無視できない市場ではある。

ただ、私たちの上海拠点の狙いは、開発から見て、優秀なエンジニアを確保することにある。決して人件費が安いからではない。むしろ現地採用のエンジニアの給料は日本の新卒給料より高くなっているぐらいだ。

日本ではなかなか優秀な人材が採用できない。やはり優秀な人材は大手に採られてしまう点もある。上海には非常に優秀なエンジニアが多くいる。しかも当社のエース級の人材と勝負しても全く遜色ないぐらい優秀だ。

国内では宮崎に支社を出している。この拠点はお客様のシステムを作るときに、いわゆる作業的になりがちな部分を担う。ここを勧めてくれたのは、先に宮崎に進出していたあるソフト会社の社長。何で宮崎がいいのか。地方なのでコストを抑えられることもあるが、それだけではなく、人のレベルが高かったり、行政のサポートがあったり、あるいは東京からのアクセスなど、いろいろ点を勘案して比較した結果だ。私たちが比較検討した結果、最終的に宮崎と島根のコンペになった。島根は行政のサポートがたいへん厚く、人件費の補助金等もある。ただ難点は、欲しい人材の採用が難しい可能性が高かったこと。その点、宮崎は若い人たちが大学を卒業して現地で就職する基盤が一定量あり、もともとＩＴの「ニアショア」の地域として一般的に認識されていることもある。当社のオフィスの斜め前には外資系の大手パソコンメーカーが進出しており約８００人を雇用している。目の前には某コールセンター企業が６００人規模を抱えている。

宮崎市内は空港から10分程度なので、東京からは、伊丹空港経由で大阪・梅田へ行くよりも早く着くと思う。リゾート地で食べ物もおいしいので、働く人のモチベーションも高まる。

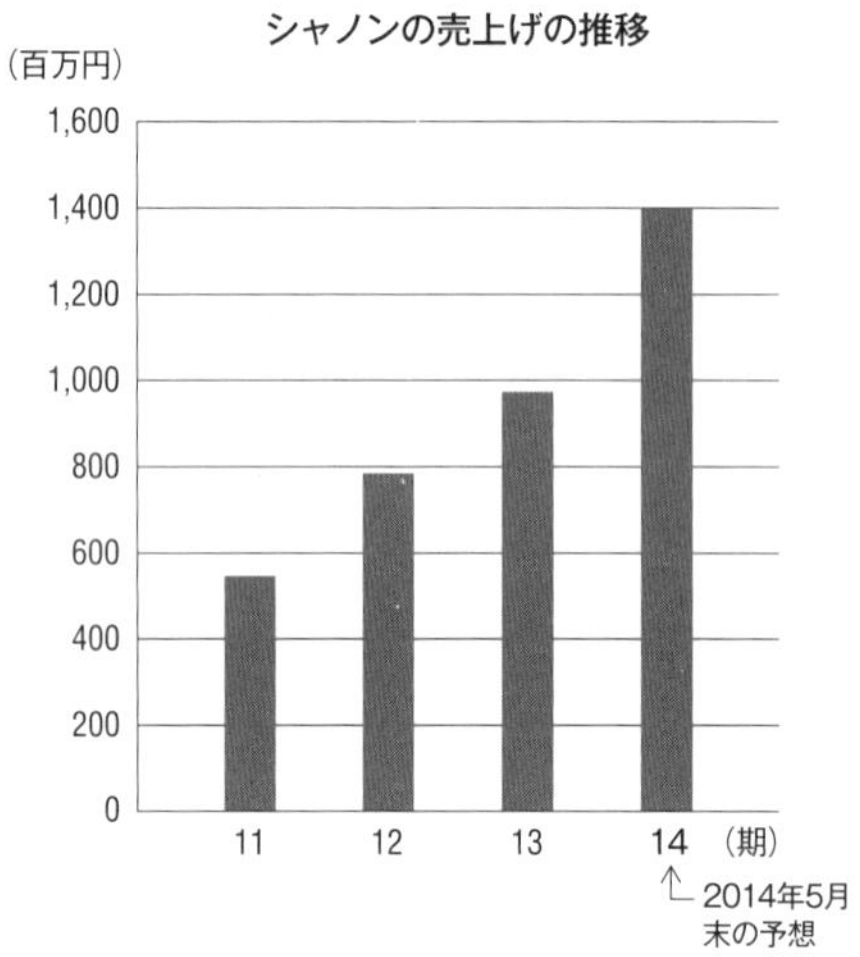

会社としては、いまはこれまでに紹介させていただいたようなマーケティングの統合環境のクラウド製品を扱っているので、このサービスをお客様の企業に導入していくためにはコンサルティング営業をしていくことが多くなっている。

お客様の営業支援ツールを一から全体設計して、こうやったらセールスを増やせます、という仕組みを提供している。コンサルティング営業なので、お客様のご相談に乗ったりすることは当然多くなっているが、問題はシステムとサービスの中身だ。いかに面白いコミュニケーションの中身を作れるか。それがコミュニケーションを成立させることに繋がるからだ。私たちは今後もお客様の課題に正面から向きあい続ける。そして、お客様のマーケティング課題を解決するマーケティングクラウドのリーディングカンパニーとして、お客様から最も信頼される企業を目指していきたいと思う。

（中村健一郎・シャノン代表取締役CEO）

中村健一郎
シャノン代表取締役CEO

略歴　なかむら・けんいちろう　1977年6月生まれ。奈良県出身。慶應義塾大学在学中の2000年8月に有限会社シャノンを設立（その後株式会社化）、代表取締役CEOに就任。01年同大学理工学部化学科卒業。シャノンは04年情報セキュリティマネジメントシステム、07年ISO27001認証取得。

エルテス

ゴールドラッシュ時にゴールドで儲けた人はいない

当社は、企業や個人がインターネット上でさらされるレピュテーション・リスクに対して、様々な解決策のツールやサービスをワンストップで提供している。サービスの対価は月額払い方式だが、診断やガイドライン策定など、単発でお支払いいただくサービスメニューもそろえている。

このサービスはクラウド上で提供しており、顧客企業は自分のレピュテーションをクラウドの中で管理できる形だ。

この分野のサービスでクラウド化を実現しているのは今のところ当社だけ。従ってシェアNo.1というより、オンリーワンの会社だと自負している。

エルテスという会社は、私が東京大学経済学部に在学中に立ち上げた。

当初は、LinuxやPHPなどのオープン系のシステムを日本で仕事を受けてベトナムで作る受託開発の仕事をしていた。

現地の開発会社と契約をして、それなりの利益を出していた。いわゆる「オフショア開発」のサービスだ。実は、その前にハードウェアのベンチャーをやっていて、そこで知り合ったプログラマーと一緒に組んで仕事を始めたことが成功した。

ただ、受託開発は展望が開けないことが分かっていたので、どこかでビジネスモデルを変えたいと、それまでずっと考えていた。

資金がない人がこの分野でビジネスを始めるには、代理店になるか、下請けになるかのどちらかしかない。ビジネスを大きくしていくには、それから後にどうやって展開していくかだ。

当初の従業員は大学やサークルの後輩など約5人。同時並行で5件くらいの新規事業を試行していたが、その中で気がついたことは、ＩＴの世界で成功するには「タイムマシン経営」がカギとなるということ。

それは、具体的には米国のビジネスをいち早く日本に持ち込むことである。

当然、その時代には周りも皆そのことを知っていたから、要はどれだけ早く持ち込むかで勝負が決まった。

たとえば、ソーシャルゲームやグルーポンなどのモデルも皆、米国発。いかに米国ではこの分野のイノベーションが活発であるかがわかる。

われわれが新規事業を模索していた２００６年には、クチコミサイトが世界的に広まり、「Web.2.0」が流行した。

そこでちょっと考えたことは、クチコミサイトから「派生したビジネス」を何かやろう、ということだった。

そう考えたことには理由がある。

たまたまそのとき読んだ本の中に「ゴールドラッシュのときに金（ゴールド）で儲けた人はいなかった」というような話が載っていて、儲かったのはリーバイスやウェルズ・ファーゴなど、そこから派生したビジネスを行ったもので、それが今も生き残っている、ということだった。

クチコミサイトで派生するビジネスにはどんなものがあるかを考えた。

何となく閃いたのが、みんなが自由に発言していたら「風評」で困る人が増えるのではないか、ということだった。

そんなことで2007年から、ネット上のクチコミによる風評被害対策という、今のビジネスを始めた。

検索エンジン最適化を逆さまに利用

07年時点ですでに、インターネットの世界では風評被害で困っている人や企業が存在していた。

これはそのほかのインターネット関連ビジネスと比較しても、お客様の存在が明らかな分、やりやすい仕事だと考えた。

当時はまだそれほど、ネット上の風評被害の問題は世間一般に広く顕在化している問題ではなかった。

当社はその当時、「SEO（検索エンジン最適化）」という、顧客の希望するキーワードを、そのキーワードをインターネット上の検索サイトで一般の人が検索する際に検索結果を上位に持ってくるというビジネスを手がけていた。

その技術を利用すれば、検索エンジン上で何かの風評が出て困っている人や企業の被害を逆に防ぐことができるのではないかと考えた。

その後、№1になれる領域にリソースを集中すべく、SEOサービスをやめて、ウェブ・リスクに特化した会社になった。

現在、当社が商品ラインアップとしているものには次のようなものがある。

①WEBリスク・ホットライン②WEBリスク診断③誹謗中傷対策④WEBリスク・

コンサルティング⑤WEBリスク研修プログラム。

従業員数は現在、約60人だ。

誹謗中傷対策とは、たとえば、会社名を検索したときに悪い評判が出てくる場合、それを見られるリスクを減らしていく、というビジネスだ。

ネット風評に関するアンケート調査を行ったところ、悪評判が出た企業の商品は、やはり一般の人は購買を控えるという確実なデータが取れた。

風評のリスクは2通りある。

書かれるリスクと見られるリスクだ。

書かれることに関しては、一線を越えるような文言がある場合は名誉毀損などで司法の場に判断を委ねることも、既に判例で原告勝訴の判決も出ているだけに一定の抑止効果は期待できるだろう。しかしそれらは書かれてしまった後の処理の問題であり、書かれてしまったことに関しては、基本的にはどうすることもできない。

ネット上では、一度書かれたことは、最初の管理者がたとえ削除をしても、それがコピーされて広まっていく性格があるからだ。

一方の見られるほうは、ネットの検索エンジンで上位になればなるほど見られやすくなるので、それを下位に落としていくという作業で大きな被害は避けられる。

われわれがやっているのはそのビジネスだ。

ネット「炎上」対策へ

そういうビジネスからスタートして、今ではインターネット上の「炎上」(ある事象や行為に関して対象企業や個人などが一時的にネット上でやり玉に上がる現象)対策などのサービスも行っている。

炎上の問題が増えだしたのは、2011年頃からだ。

主なトリガー(引き金)となったのはやはり、ツイッターなどのソーシャル・メディアの普及があるだろう。

このサービスは主には予防的なものだ。

具体的に行っていることは、企業に対して、炎上を起こさせないためのガイドラインの策定と研修、モニタリングの三つのサービスの提供だ。

ひとたびネット上で顧客企業が炎上してしまった場合は、一般向けに謝罪文をどう

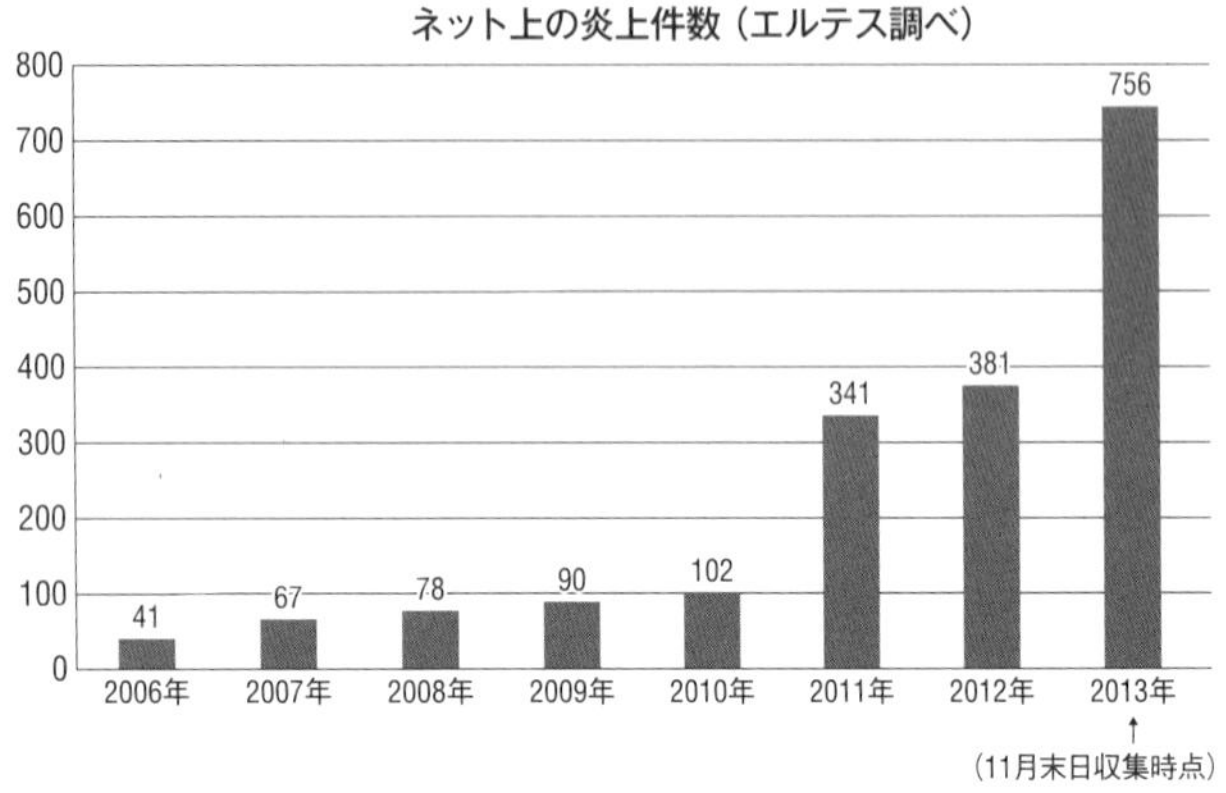

出すか、といった指導も行っている。

ネット炎上の理由はそれこそ千差万別だが、炎上が起きるパターンというのはだいたい決まっている。だから比較的、予防対策は取りやすい。

炎上は深夜に起きるケースが多い。

多くの人が集中してネットにアクセスしていることで、余計に炎上しやすくなっている。

ひとたび炎上が起きると、炎上の対象となった事象や行為があったかどうかの事実確認さえ、その時点では不可能になる場合が多い。総じて、対策はスピード、つまり初動が企業にとっては重要なことになる。

このあたりの対策は企業の危機管理と同様

だが、ネットの場合は、よりスピードが要求される。

当社はグローバルな炎上監視も行っている。

こうしたサービスをグローバルで展開しているのは恐らく、当社しかないのではないかと自負している。

グローバル監視というのは、簡単に言えば、日本語のほかに英語と中国語で対応しているということ。

こうした当社のサービスを認知してもらう手段としては、セミナーを月1回ぐらいの頻度で開催して、関心のある企業の方々に来ていただいている。

いま、この分野への企業の関心は非常に高く、セミナーは毎回、満員状態である。

シーザー（カエサル）に影響を受けた

話しは戻るが、自分が起業家になりたいと思った原点は18歳のときだった。

その頃に読んだ『プルターク英雄伝』のジュリアス・シーザーに強く影響を受けた。

シーザー（カエサル）は私が最も影響を受けた歴史上の人物だ。この人物を目標として自分は頑張ってきた。

シーザーは、日本の信長と秀吉と家康がやったことを一代でやってしまったような人物だ。ローマはシーザーによって、機能不全に陥っていた共和制から、帝政へと移行することができた。

私が個人的に持っている「大物」の定義というのがある。りっぱな肩書きがたくさんついている人ほど、実はそれほど大人物ではない。どこそこ会社社長、何々役、何々理事といった肩書きだ。大物はその人の名前だけで通用する。例えば長嶋茂雄のように。実はこれは第二レベルで　第一レベルは引用でその人の名前が引き合いに出されるケース。例えば東洋のマラドーナとか、日本のビル・ゲイツ、現代の諸葛孔明、といったように。その最高の人物がシーザーだと思っている。

シーザーは一般名詞にすらなっている。皇帝の略称だ。皇帝を表すツァーリやカイザーというのはカエサルの派生語だ。一般名詞化する人物は歴史上、あまりいない。

それで、自分はもちろん、そんな大物には簡単にはなれそうもない。早いうちに短期間で成功しなければ、大物への道を歩むチャンスすらなさそうだ。東大を出て国家公務員になって出世するのでは時間がかかりすぎる。政治家になるのもなかなか難しい。

そこで自分はベンチャーの道を選んだ。

実際にこの会社を始めてみて、この道もそんなに簡単ではないことがわかった。最初は本気でソニーぐらいの会社ならすぐに作れるだろうというぐらいの考えでやっていた。ところがその足下にも及ばず、一度は死にかけて、ようやく風評被害対策の今のビジネスを始めて、ある程度、好調に推移し始めているところだ。

「炎上」「風評被害」とハッカー問題は異質

WEB(インターネット)上の風評被害対策の分野は、ようやく近年、マスメディアでも取り上げられるようになっている。

企業が炎上被害を受ける例が出てきて、ようやく経営者層にも経営問題として認識されるようになってきたからだ。

風評による炎上の問題は、同じネットを通じた問題でもハッカーなどによる攻撃とはそもそも性格が全く異なる問題だという認識を持っていただけるようになってきた。

WEBのリスクというと、企業はこれまでどちらかというとハッキングやアタックを警戒して、その防御体制をいかに築いていくかの対策を行ってきたところが多いと思う。それに比べて風評被害のリスクに目を向ける企業は少なかった。

日本ではまず、この認識を持ってもらう人を増やしていくことが重要だと考えて、それに努めている。

加えて、これからは海外の市場でもわれわれのサービスを展開していく考えだ。もちろん、諸外国でも炎上のリスクは認識されており、ビジネス・チャンスは大いにあると思っている。

ただ欧米では、この分野は今日、よりセンシティブな分野になっている。例のロシアに亡命した元ＣＩＡ(米中央情報局)局員のエドワード・スノーデンがネット情報の監視を暴露したからだ。

われわれのやっている作業はある面、諜報機関が行う監視作業のようなことと共通項があるため、国家の諜報機関の監視を当然、受けていると見られるリスクが出てきている。

その点、アジア市場を開拓していく場合、どちらかというと日本の会社であることがわれわれにとっては追い風になっている。

米国の会社や中国の会社に比べて、日本の会社は諜報機関の監視を受けていないというイメージを持たれているからだ。

安全・安心の日本ブランドはこの分野でも強みを発揮しているというべきか。

この追い風を受けて、当社はすでに、フィリピンでは英語による監視作業を現地で始めている。

日本と欧米の「炎上」の違い

米国には同業でレピュテーション・ドットコムという会社がある。

もちろん彼らが日本市場に進出してくることもあり得るが、日本と欧米ではネットの炎上の仕方、というより炎上する理由がやや異なる。

日本で炎上する場合、「2ちゃんねる」などの匿名掲示板が発端というケースが多い。

欧米では「グリーンピース」などの環境保護団体や、人権団体などがツイッターなどのソーシャル・メディアに組織的に大挙して押し寄せて炎上となるケースが多い。

コーヒー豆の栽培で労働者に適正な賃金を払っていないといったことでコーヒー会社

がやり玉に挙がるといった例だ。

米国の方が日本よりも、ツイッターやフェースブックなどのソーシャル・メディアに対する信用度が高いので、そこでの悪評は即、株価下落につながりやすい。

米国ではその所為で売上げが半分になったり従業員数が半分になったりというケースがいくらでもある。

日本ではツイッターなどのソーシャル・メディアと2ちゃんねるのような匿名掲示板が同じようなものという認識が多いので、そこで悪評が出ても現状で株価下落にはつながった例は少ない。

ただ日本でも最近は、株価が下がる事例が出てきたこともあり、13年の12月から東京大学と共同研究を開始した。

企業のＩＲ担当部署でも炎上対応を行っていくことが賢明だろう。

ネット上で風評になりやすい話題というものもある。ネットユーザーの間では話題になりやすい話とそうではない話がある。

たとえば企業の価格カルテルなどの法令違反事例はネット上ではあまり騒がれない。内容が理解しづらいということがあるのだろう。

一方でナショナリズムや性犯罪のようなものだと火がつきやすい。

レピュテーション・リスクはどの企業にもある

この分野で技術的なものを特許で守るのは難しい。新規参入を狙う競合はどのようにも回避してくるだろう。

よって、現時点ではデータの蓄積によって参入障壁を上げる方に力を入れている。

今、当社のクライアントになっていただいている企業の数は約２００社。

これまでは大手のメーカーが多かったが、最近は業種も多様になっている。

ネット風評被害に関しては、最近は「ブラック企業」などというレッテル貼りで、多くの企業の人事部門全般がターゲットになってきている観がある。従って当社の仕事も増える方向だ。

ただこのブラック企業の定義が曖昧だ。

基本的には法令違反を働く企業ということになるが、その法令違反を社外の人が知り得るのかという問題も逆にある。

だからブラック企業と呼ばれるリスクはどの会社にもある。当社にも、この本を出版する会社にも。ブラック企業というのも結局はレピュテーション・リスクであり、イメージが先行しているところがある。

いったんレッテルが貼られ出したらどんどん悪いイメージになっていく。そうなった企業は人材の採用がそれ以前と比べて何倍もやりづらくなるだろう。

ネットの負のサイド

当社が企業理念として掲げているのは「モラルある健全なウェブ社会」というものだ。

この文言では抽象的でわかりにくいので、説明したい。

テクノロジーには便利な面がある反面、負の側面が必ずあるので、それを民間の力で何とかしていこう、ということが趣旨だ。

たとえば、自動車はたいへん便利な機械だが、一方で事故を起こすし、使い方によっては轢き殺す道具にもなってしまう。

インターネットもそういう負のサイドがある。たとえば出会い系サイトや脱法ドラッグの流通などがそうだ。

レピュテーションに関してもそういう負の面があるだろう。

それを民間の力で解決していくことが重要だというのがわれわれのスタンスだ。

民間で解決できない問題が放置されれば、必ず、規制強化など公的権力による介入が出てくることになるのが世の常だ。

そうなれば新しい産業の健全な発展は望めない。

炎上がたびたび起こるような状況では、いずれ法規制が科される可能性がある。

そうならないように、民間でできるガイドラインの策定や、民間の努力で解決できるものはしていきたいと考えている。

もちろん、広まれば明らかに社会に害悪を及ぼすような画像や文言を掲載することは規制されるべきだが、そういったものも単純に規制をすることを良しと判断するのは、表現の自由との兼ね合いがあるので難しいのではないか、というのが個人的な考えだ。

公（おおやけ）での議論の場

一方、欧米では「忘れられる権利」というものもある。

一般のマスメディアと違って、インターネットには、どんな些細な大昔の不祥事であっても、全てが公開された記録として残ってしまうという特性がある。

それを一定以上たったものに関しては忘れられていい、という権利だ。

ＥＵでは、裁判所命令が出されれば、当事者が削除を望む情報に関しては、その情報が掲載されているサイトの管理者やプロバイダーは、それを削除しなくてはならないことになっている。

もちろんその情報がコピーされ続けると削除とのイタチごっこが起き、完全にその情報を消し去ることが出来ない可能性もある、というネット特有の問題は残る。

日本では、いったんレッテルを貼られると、永遠にレッテルがついて回るような面がある。個人的には欧米社会と比べてみたときのバランスを考えて、日本版「忘れられる権利」について、しっかり議論していくべきではないかと考えている。

そこで、そういった風評リスクやネット社会の様々な問題を議論するために、私が中村伊知哉・慶應義塾大学教授と一緒に立ち上げたのが「ニューメディアリスク協会」という団体だ。ＩＴ関連などの約50社が加盟しており、会長には警察ＯＢの金重凱之氏が就任されている。

「ＮＲＡフォーラム」というイベントを開催しており、前回のフォーラムでは、「アルバイト・テロ」と言われる行為に対して、企業の責任はどこまであるか、というテーマで開催、約５００人が集まった。

５００人規模のフォーラムを開催するのはこれで2回目。このほか隔月で、もう少し規模の小さい会合を行っている。

バイト・テロの問題は、内部統制という面からはもちろん、企業経営側に責任が全くないとは言えない。企業側と被雇用側、どちらに責任があろうとも、この問題で被害を受けるのは企業側だ。

エルテスが実施したソーシャルハラスメントに関する意識調査

〈有効回答数：300サンプル〉（13年3月5～6日）

Q1.「ソーシャルハラスメント」「ソーハラ」という言葉を知っていますか。（お答えは1つ）（N=300）

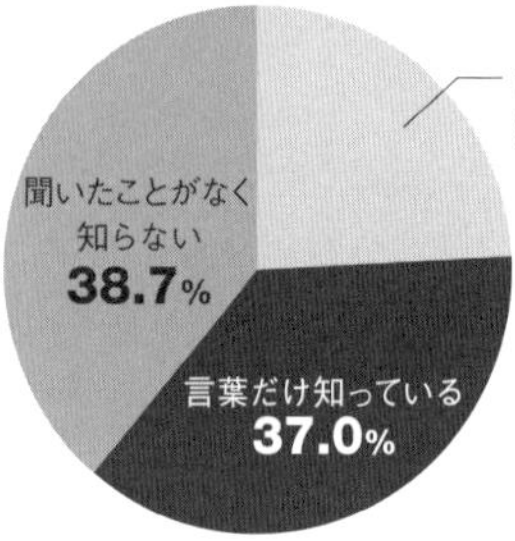

■分析
年代によって大きくバラつきが出るかと思われたが、どの世代・役職でも平均して半分以上の方が、言葉を知っていた。ソーシャルメディアが普及し、企業活動でも必要不可欠なツールとなったことをうかがわせる。

Q2.FACEBOOKなどのソーシャルメディアで、上司から「友達申請」が来たことはありますか。また、申請が来たことがある方は人数をお答えください。（お答えは1つ）（N=150）

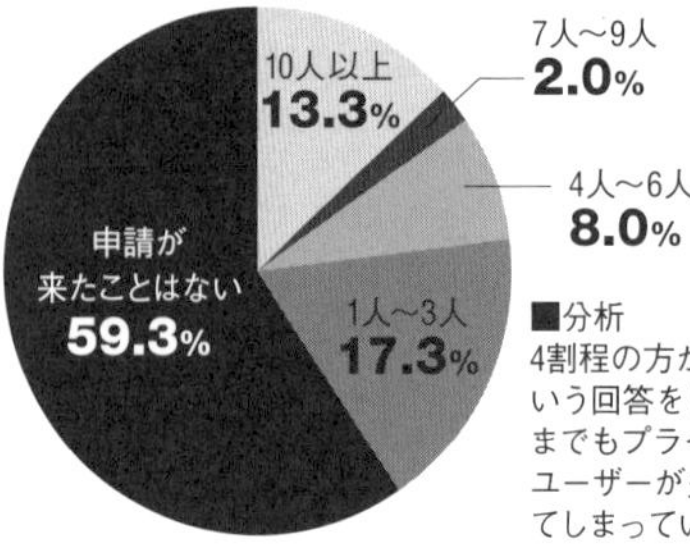

■分析
4割程の方が、友達申請が来たことがあるという回答をした。ソーシャルメディアはあくまでもプライベートのみで利用したいというユーザーが多いため、部下にストレスを与えてしまっている可能性がある。

東大発ベンチャーが少ない理由

最近、何れも東大出身である、ユーグレナの出雲充さんやオイシックスの高島宏平さんなどの会社が上場したので、その切り口からの取材も受けるようになった。はっきり言えば、東大発ベンチャーはそんなに多くはない上に、成功している例は非常に少ない。相対的に創造力という点で、東大出身の人は劣るからなのではないかと思う。

一般的に東大出身者は、管理能力では優れた人が多いのだろう。それは、現時点で確立された分野で評価されたいという願望からなのではないかと思う。将来ではなく、いまそのとき胸を張って言えるようなことでなくては、あまりやりたいとは思わない人が多いのだ。

だから未知の市場を開拓していくようなベンチャーなどに自分から進もうと考える人があまり出てこない。

「炎上」対策ビジネスなど、聞いただけで危ういと感じるのであろう。しかしベンチャーというのは始まりは皆、そんな危うさを持っているものだ。

たとえば今やベンチャーの雄となった有名な企業も、最初はただの団体向けチケットを小分けにして販売していたり、既存の設備を勝手に使って自分たちのインフラを築いていたりといった、スレスレの危ういことからビジネスを始めて成功している例が多い。

しかしそういったことが次第に非効率な業界慣習や規制を崩していくことに繋がっている。

企業モラルやコンプライアンスといったことを過剰に意識していたら、新しいビジネスなどはほとんど、生まれるはずがないという気がする。

また、これは安倍政権でも課題としていることではあるが、規制のグレーゾーンが多いため、コンプライアンスを過度に意識すると、ニュービジネスが作りにくいという問題がある。

そういう意味では昔の起業家は、行政指導も恐れず、果敢にビジネスを展開していたということなのだろう。

そういう面から見ると、東大出の人はそういった壁を乗り越えることは余り得意ではないようだ。

「炎上シミュレーター」

当社が開発しているサービスに「炎上シミュレーター」というのがある。

たとえば、あるお客様の企業が大規模なプロモーションを行う場合に、そのプロモーションがネット上で炎上するかどうかを試すことができる、というものだ。

炎上事例の中には、たとえば本国での反日発言などの所為ですでにネット上で炎上している外国人タレントを知らずにプロモーションに使ったために、そのプロモーションを行っている企業自体が炎上させられてしまう、といった、いってみれば〝感作〟炎上のケースが結構ある。

そういう事例を排除することができるのがこの炎上シミュレーターだ。

何億円もかけるプロモーションなのだから、わずかでもそういったリスクがあれば排除することがそのプロモーションを行う企業にとっては大事だ。

ネット上では、たとえそれがどうでもいいようないちゃもんのレベルであっても、いったん火がつくと止めようがないだけに、そうしたリスクを極力排除していくという趣旨だ。

このサービスはクラウド上に乗っているので、顧客にとっては非常に簡単にサービスを受けることができるのが特徴だ。

このサービスではその都度、そのプロモーションに相応しい属性の人約1000人にパネラーになってもらい、彼らが仮想空間にログインして配置されることで、様々な意見をフィードバックしていくという仕組みだ。

後続ベンチャーにアドバイス

ベンチャーを目指す後続の方へのアドバイスとしては、「やりやすいことはやられやすい」ということ。

簡単に競争に参入できるということは、すぐに引っくり返されやすいということでもある。一時期は業績がよくても、その後すぐ厳しくなるかもしれない。

だから当社ではあえて、大手企業の開拓など、やりにくいことに挑戦することを心掛けている。

価格競争をしかけて、より小さいクライアントを増やしていくような仕事はやりやすいだろうが、逆にすぐに競合も追い上げてくる可能性が高い。だからそういうところはできるだけ攻めないようにしている。

今の若い起業家の方は、収益があがりやすいという理由からゲーム関係に参入する人が多いが、それは裏返しすると、競合にやられやすいということでもある。やりにくいことをやったほうがビジネスとしては長続きすると思う。

自分が持論として持っているのは、プラットホームには乗るのではなくて、つくるほうにいるべきだ、ということ。

最近、当社ではそういった考えに基づいて、「オンライン・レピュテーション・マネジメント・プラットホーム・エルテスクラウド」を提供している。

（菅原貴弘・エルテス代表取締役）

菅原貴弘

エルテス代表取締役

略歴　すがわら・たかひろ　1979年（昭和54年）生まれ。東京大学経済学部在学中に企業を決意、2004年エルテスを創業。05年事業に専念するために中退。07年からネット上の誹謗中傷対策ビジネスを開始。

アマゾン データ
サービス ジャパン

アマゾンの3つの事業

amazon（アマゾン）はｅコマースの会社として日本でも非常に有名だが、実は現在３つの事業を行っている。

ひとつがｅコマース。消費者様向けのサービスとして１９９０年代前半から米国で事業を開始している。日本では２０００年から事業を開始した。

次に物流サービス。アマゾンサービシーズというサービスがあり、これはモノを売りたいお客様向けにアマゾンの売り場所（マーケットプレイス）を提供したり、物流センターを使っていただき、手数料をお支払いいただいているビジネス。

このように一般消費者様向けだけではなくセラー様向けのビジネスもアマゾンは行っている。

アマゾンのビジネスの特徴は、ビジネス規模がどんどん拡大して運用コストが下がっていくと、その分を、お客様に還元している点だ。規模が大きくなればなるほど、お客様は低料金を享受できる。

アマゾンというロゴを見ていただくと分かるように、AからZを矢印で結んでいる。「AからZまですべて取りそろえます」という意味だ。

選択肢が多ければ多いほど、お客様に喜んでいただけるのだから、アマゾンはセレクションを広げていくことを重視している。

eコマースの規模が拡大すればするほど、またセラー様向けのビジネスが拡大すればするほど、売り場所の規模や物流サービスの規模が大きくなり、両者のビジネスにいい相乗効果が生まれる。これは「範囲の経済」と言われるもので、ひとつのビジネスだけでなく、複数のビジネスが相互に密接に関係することで、いい相互関係が期待できる。

そして3つ目が、「クラウド・コンピューティング」のビジネスだ。

このビジネスをAmazon Web Services、略してAWSと言っている。開発者様や、ITプロフェッショナルの方に向けたサービスだ。今いわゆるクラウドと言われているビジネスだが、これも実は既に2006年から開始しており、現時点(2013年12月現在)で世界190カ国、数10万のお客様にお使いいただいている。

日本でも既に2万以上のお客様にお使いいただいている。

自家発電から送電線モデルへ

クラウドのビジネスとはどんなものか？

ワシントンにある博物館に10メートルクラスの自家発電機が展示されている。この自家発電機は1800年代に米国のビール工場で実際に使われていたものだ。当時はこのように生産工場では自分で電気を発電しなければいけなかった。

工業製品を広く売るためには、工場で大量生産をきちんと行う必要がある。それを行うためにはまず、電気を自分で起こす必要があった。工業製品を売る量は電気の生産量に比例していた。非常に大変なことだ。ところがその後、大きな変化が起きた。

1900年の初め頃と言われているが、エジソンが白熱電球を発明し、それから送電線が充実してきて中央発電所モデルが登場したのだ。いつでも必要なだけ安価に電気を手に入れられるようになった。こうなると、自前で発電をする必要はなくなった。1900年頭から20年間で、このモデルによって大きなパラダイムシフトが起こり、多くの工場や組織、学校などから発電機は消えていった。電気は起こすものではなく、使うものに変わったのだ。実は、クラウドも同じことが言えるのではないかと思う。

これまで多くの企業のIT部門や組織が、自社でコンピューターの資源、リソースを自分で所有している。別にコンピューターがビジネスではなくてもだ。

何かのビジネスを行うためにコンピューターが必要で、それを自分で所有して、自分で運営しなければいけない。

ところがここにAWSが出てきたことで、非常にセキュリティが高く、可用性・耐久性が高い、しかも世界規模で展開しているデータセンターによって、コンピューターのリソースを提供できるようになった。

利用者は、いつでも必要なだけ安価に、そういったコンピューターのリソースが手にはいるようになった。今まさに、そういうパラダイムシフトが起きている。これがいまクラウド・コンピューターがユーティリティ(有用性のある)コンピューティングといわれている理由だ。

伸縮自在な「仮想サーバー」

当社のクラウドの典型的なサービスとしてよく名前が知られているのは「Amazon

EC2」と言われる、いわゆる「仮想サーバー」のサービスだ。

EC2はElastic Compute Cloudの略。Elasticは「伸縮自在な」という意味。いつでも使えて、いつでもその量を調整できるクラウドだ。

シンプルに説明すると、アマゾンが世界で運営しているデータセンターのリソースを誰でも、すぐ、好きなだけ使える、ということになる。

では、どう使うか。これはアマゾンで本を購入する感覚に非常に近い。

ユーザーはウェブ上で、どういうサーバーを使いたいかマシン・イメージの画面からクリックする。選んだサーバーのスペック・性能を選択すると、すぐにサーバーが立ち上がる。

OS（基本ソフト）はWindowsでもLinuxでも選択できる。例えばオラクルのデータベースが入ったLinuxが欲しければそれも選択できる。コンピューターのサイズ、CPUの演算処理能力やメモリーの容量なども、必要に応じてたくさんある選択肢の中から選ぶことができる。

料金は性能に応じて、時間あたりの単価が決まっている。

非常に安いものは時間あたり2円ぐらいから利用できる。スーパーコンピューター・クラスだと時間当たり200円弱のものまであるので、そこはもう、よりどりみどりだ。

　ウェブの上からクリックしてすぐに使えるようになっているので、あとは通常のデータセンターでコンピューターを使うのと同じだ。

　インターネットを介してセキュアなSSL通信で端末から入って使うのでもいいし、デスクトップを転送して「仮想デスクトップ」という形で使うこともできる。これがAmazon EC2の概要だ。

　ポイントは初期費用を全く必要としないことと、必要なときすぐに調達ができることと。数十台、数百台と、いくらでも増やしたり減らしたりもできる。

　普通、コンピューター・サーバーを調達しようとなれば数カ月はかかるが、それが数分でできる。

　やめたいときにすぐにやめられることも大きい。1度大きな投資をしてしまうとなかなか撤退が難しくなるが、すぐにやめられるので失敗なら早い段階で撤退することができるメリットはお客様にとって大きいだろう。

「物理サーバー」では不可能なこと

米国のAnimotoという会社にいい例がある。

この会社はウェブサイト上で写真データの静止画像をアップロードすると音楽に合わせた動画風のイメージをつくってくれるサービスを提供している。結婚式の宴会のときに流れる思い出のイメージのようなものを作っている会社だ。

最初はそれほど人気はなかったが、フェースブックで公開したところ爆発的に人気が出て、ピーク時は５０００台のサーバーを使って処理した。実際には２００８年４月18日に公開して３日間で５０００台だ。これに対応できたのはクラウドだった。このような急激な人気で一気にサーバーのピークが来ても対処できるのがクラウドの特徴だ。これはオンプレミス、物理サーバーのことを言うが、それでは不可能だ。

人気が出てからサーバーを用意していたら、そこでビジネスはストップする。クラウドは正にインターネット時代、口コミでサービスが急速に広まることに対処ができる事例だ。

数十台でも数百台でも、ＡＷＳが世界規模で運営しているリソースから瞬間的に借りることで対処ができる。

またデータベースやこうしたインフラストラクチャーを運用するエンジニアは非常にスキルが高く給料も高いが、それを企業は自社で抱えなくても済む。その分、有能なエンジニアをよりビジネスの付加価値の高いところにシフトできる。こういうコモディティの部分はもうAWSに任せてしまえばいい。お客様はそれで非常に高いビジネスメリットを享受できる。

AWSはグローバルなインフラであることも大きな特徴だ。たとえばベンチャー系のスタートアップでも、大企業でも、海外展開したいとなると、これまでは各国で個別にデータセンターを契約してその場所でエンジニアを雇ったり契約することが必要だった。

一方、AWSクラウドにはリージョンの概念があり、地域ごとにデータセンター・クラスターをつくり、その地域内で同質のサービスを提供している。各地域はいい意味で分断されてサービスを提供しており、こうすることでお客様には安心してAWSのクラウドサービスを使っていただくことができる。

ところがあるお客様が東京のリージョンでシステムをつくって、そのシステムを米国や欧州で使いたかったとする。その場合はいつでも、それをコピーして他のリージョンですぐサービスを立ち上げることができる。

グローバルに市場展開が必要な時代、ある地域でつくったり、買収したことで手に入れたいいシステムを、これで簡単に国際的な横展開ができるようになった。

AWSがなぜ、リージョンの仕組みを作っているかというと、最初は、欧州では自国のデータを欧州圏外に持ち出すことに非常に抵抗感を持つ国が多かったことがあったからだ。ところがリージョンの仕組みは非常にお客様から好評だったので、今ではAWSの提供するクラウドの一つの売りどころになっている。

リージョンは世界の地域別だけではなく、米国政府というリージョンも別に設けている。米国政府専用リージョンだ。つい最近、中国・北京リージョンも設けた。

クラウドというと未だに「データがどこにあるか分からない。世界中にデータがまき散らされるリスクがある」という都市伝説的な話がまかり通っている。少なくともAWSクラウドにおいてはそういうリスクはない。お客様はどこにデータ・サーバーを置くかを自分で選べるようになっている。いったん置く場所を選んだら、そこから勝手にデータが外に出ることはない。

リージョン・コピーの機能は、お客様がデータを自分でコントロールするためのもの。たとえば東京でつくったサーバーのバックアップをシンガポールに持っていったり、米国に持っていったりできるというものだ。

耐久性を保証する「可用性ゾーン」

大規模な地震が起きる可能性が指摘される東京に、ミッションクリティカルな（＝中断や障害が許されない）基幹業務のシステムを置くことは適切か？　この問い対しても、ＡＷＳのクラウドなら、これまでよりも非常に簡単に、しかも低料金でアベイラビリティ（可用性）の高いシステムをつくることができる。

そのためにアベイラビリティ・ゾーンという概念を設けている。１つのリージョンの中にはアベイラビリティ・ゾーンを必ず２つ以上用意している。

アベイラビリティ・ゾーンは物理的に、相当、距離を離している。異なるラインを使い、電源も異なるグリット（送電網）のものを使っている。これは地震や洪水などの災害が起きたとき複数のアベイラビリティ・ゾーンが同時に影響を受けないためだ。

このアベイラビリティ・ゾーンもユーザーがサーバーを立てるときに自分で選択して構築することができる。

従来、これぐらい距離を離した2つのデータセンターでシステムをつくるとなると相当、大変だった。2つのデータセンターと契約してその間に専用線を引き、セットアップして両方の同期を行わなくてはいけない。それが非常に簡単に、しかも初期費用なしでできるようになった。

アベイラビリティ・ゾーンをもう少し詳しく説明する。たとえば東京リージョンの中にはゾーンは2つある。システムは一つだが、サーバーが二手に分かれ、それぞれ異質の仮想サーバーが別々に立てられる。これが負荷分散装置(ロードバランサ)で繋がれ、入り口はあくまで一つでもデータは自動的に2つのゾーンにあるサーバーに振り分けられる。このように一つのシステムでも2つのデータセンターにまたがるものも簡単につくれる。

典型的な例では、大手企業がデータベースなどをバックエンドに置いてウェブサイトなどのシステムを構築する場合に利用されている。実際に大手自動車メーカー様や大手日用品メーカー様などがこの仕組みを使っている。

こういうシステムを簡単に分散配置でき、耐久性の高いシステムが可能になった。それもウェブ上からクリックして簡単につくることができるのが特徴だ。

耐用性を高める発想は、前提にネットワークやサーバーは切れたり壊れたりする可能性がある、という認識があるからだ。これに対しては冗長構成、いわゆる余分にサーバーを立てて変更可能につくっておく。たとえ1つのサーバーが壊れてももう1つのサーバーがあればシステム全体が壊れることを免れる。それが耐久性を保証している。たとえば地震が起きて1つのデータセンターが使えなくなってももう1つのデータセンターは生きているので故障率は圧倒的に減る。

2つのデータセンターは自動的に同期されるので、1つがシステムダウンしても自動的にもう1つに切り替わって動く仕組みをつくれる。

いま基幹系の業務でもAWSがたくさん使われ始めている理由はそこにある。どうシステムをつくるかは用途に合わせてお客様が自由に選ぶことができる。万が一でもデータを失ってはいけないということであればアベイラビリティ・ゾーンで複数構成にした上に、バックアップを海外のリージョンにつくることもできる。

ベンチャーがこのサービスを導入するメリット

データセンターやサーバーというのはこれまでは物理的なものだった。調達するにはお金がかかるし、一度買ってしまうと簡単にやめられない。ところがこれがクラウドになると、端末上で操作をすればすぐに入手でき、いやならすぐに消去することもできる。コピーもできるし、変更しようと思えば変更も可能だ。非常にソフトウェア的なものに近づいた、ということだろう。だからインフラがウェブ・サービスになった、という言い方がされている。

これらは「仮想サーバー」のことを指しており、当社では先述した「Amazon EC2」と言われるサービスだ。日本ではクラウドが即ち仮想サーバーのような言われ方になっている。AWSはクラウド・ビジネスを始めた2006年から仮想サーバーの提供サービスをスタートしたが、以来約7年間でお客様から、もっとこういうサービスが欲しいというご要望をお聞きする中で、今では30種類以上のさまざまなサービスをクラウド上からお客様に提供している。

従ってAmazon EC2の仮想サーバーのサービスは今や30分の1でしかない。

それ以外にストレージのサービスやデータベースのサービス、メール配信サービスなどさまざまなサービスをすべて初期費用無料で提供している。この約30のサービスをうまく使いこなせば、非常にスピーディに、かつ安価に、インターネット上のWebサービスや、企業の業務系のシステムなどを構築することが可能だ。これは会社を立ち上げたばかりのベンチャー系企業のお客様などにとっては、たいへんなメリットになるだろう。

ＡＷＳは、リアルの世界にたとえれば、たくさん部品がそろうホームセンターに近い。ホームセンターにある部品をうまく使いこなせば、簡単に本棚をつくることができるし、それを売るビジネスもできる。

われわれは現時点では、いわゆるシステムインテグレーション、お客様のためにシステムを構築する仕事はやっていない。お客様が直接、ＡＷＳを使ってシステムを構築していただく、もしくは日本にいるＩＴ企業様やシステムインテグレーター様、ベンダー様が企業に入ってシステム構築することにＡＷＳを使っていただいている。

インフラとしてＡＷＳを使っていただく、というスタンスだ。

たとえば会計ソフトのパッケージを売られているベンダー様は、お客様がパッケージを買うときにはサーバーも必要になる。そのときAWSのクラウドでそれを提供していただいている。

仮想サーバーは物理サーバーより下の概念だ。その上にはWindowsやLinuxなどのOSが載っている。ところがOSのアップデートが必要なときは仮想サーバーの場合、1台で済む。あとはそれをコピーすればいいからだ。そこが非常に楽なところだ。

いずれにしても、調査会社のガートナーによれば上位14ベンダーすべてを合わせたサーバー量の5倍の量のサーバーをAWSは提供している、と指摘されている。サーバーの量でみれば圧倒的にシェア№1だろう。

スーパーコンピューターでもランキングに入る能力

AWSの企業文化は顧客至上主義。だから競合のことはあまり見ていない。競合を見ている暇があるならお客様のことを見ようという考えだ。お客様を見て何が一番大切かを考えてAWSのサービスを構築している。

特に重視している観点は3つ。

ひとつ目が「フレキシビリティ（柔軟性）」。

これまで触れてきた通り、初期費用なしでお客様がいつでも使える柔軟なクラウド・インフラストラクチャを提供することはその基本だ。

その中でエンドユーザー向けのサービスも始めている。たとえば「Amazon WorkSpaces」という仮想デスクトップ・サービス。最近は「Bring Your Own Device」と言っているが、たとえば自分で使っているMacなどを会社の仕事に持ち込みたい場合、会社の中の環境の仮想デスクトップをそこで使えるようにするものだ。

お客様のご要望に応えてITプロフェッショナル向けのサービスを個人でも使えるようにしたものだ。

当社は大手のIT会社から中小のベンダーまで様々はパートナーがいる。

現時点でパートナー企業は150社以上に達するが、その数は毎月、どんどん増えている。

これをわれわれは「エコシステム」と言っている。AWSを取り巻く企業様がたくさんいてひとつのクラウド生態系をつくっている。だからわれわれは決してわれわれだけでビジネスをやっていればいいとは思っていない。

実際、勢いのある日本のスタートアップ企業様には、非常に多くのお客様にAWSを使っていただいている。その例としてInfinity Ventures Summit（インフィニティ・ベンチャーズ・サミット）というインターネット系の起業家が集まる会合が年に2回あり、その中で「Launch Pad」という毎年トップクラスのスタートアップ約10社が集まるコンペティションがあるが、そのうちの7～8割がAWSユーザーだ。

またお客様には、できるだけあらゆるリソースを柔軟に提供している。たとえばスーパーコンピューターも時間課金で提供している。最新のインテル製のCPUを載せた「Ivy Bridge（アイビーブリッジ）」と呼ばれるAmazon EC2のサービスでは、仮想サーバーを連結して組み合わせれば、最大でスーパーコンピューター・ランキング・トップ500の64位ランキングのものと同じ能力が出せる。当社のものはスパコンのためのスパコンではなく、実際に誰でも時間単位の使えるものだから、この実力は非常に意味がある。少し前に試算したことがあるが、時間10万円ぐらいの料金を出せばランキング500位内に入る能力のスーパーコンピューターを当社の仮想サーバーで構築できるのだ。

あるウォールストリートの金融系会社では毎日、株式市場が閉じると次の日の朝までにリスク・シミュレーションの業務を行わなくてはいけない。従来、自前で物理サーバー約3000台を抱えて夜間にフル作業をしていたが、土日と昼間はほとんどサーバーが使われておらず非常に無駄だった。これをAmazon EC2に乗り換えたところ、コストを大幅に減らすことができ、余った資金はほかの効率化投資に配分できるようになった。

お客様の中には「1度クラウドに変えたら失敗したとき戻れないから嫌だ」と言う方がいらっしゃる。将来、支払いが増えたり、新しいテクノロジーが出てきたとき移り変われないと思われている。それは誤りで、われわれはロック・インさせないことをお客さんのために考えている。具体的にはあらゆるOSを動かせるように努めている。そうなればお客さんは従来Windowsで動かしていたものをそのまま持ってこられるし、すぐにやめることもできる。プログラム言語も従来と同じ言語を使っていただけるようにサポートしている。

ミドルウェアについても同様にサポートしている。従来使っていただいているミドルウェアをそのまま使っていただけるようにしている。

低価格追求の意義

次は「低価格の追求」。

これも普通のＩＴの会社とは全う違う考え方だ。その遺伝子はやはりAmazonの小売ビジネスが由来だ。できるだけ多くのお客様に使っていただき、その結果、当社の運用コストが改善されれば値下げする。それが循環するという考え方だ。ここでは競合が値段を下げたとか、競合が市場参入してきたということは関係がない。お客様が増えたら投資をして効率を下げ、値段を下げてきた。

その結果、過去7年間で38回以上値下げしている。Amazon EC2のサービスの提供価格は当初に比べて今や半値以下だ。

当社のサービスの規模は日々拡大している。

ＡＷＳが世界全体に持っているサーバー量は、年商７０００億円の企業が持っているる全サーバーを引き受けられるぐらい、毎日拡大している。この年商７０００億円というのはAmazon.comがＡＷＳのサービスを始めたときの年商だ。それとほぼ同じＩＴリソースを毎日、追加しているということ。

AWSはAmazonがリテール・ビジネスで余ったリソースを売っているものと誤解されているが、とてもそういう次元ではないことがこの話でおわかりいただけよう。それぐらい、このビジネスは急速に拡大している。

創業者のジェフ・ベソスは将来、AWSのビジネスはリテールのビジネスと同等、もしくはそれ以上になると言っている。ちなみに現時点のAmazonのリテール・ビジネスは年商約6兆円だ。

米国ではAWSの「Marketplace（マーケットプレイス）」というサービスも立ち上がっている。ソフトウェアベンダーが自分の売りたいソフトウェアをAWSに載せて売るものだ。ユーザーは一括決済で、サーバーもソフトウェアのソリューションも手に入れることができる。ユーザーが欲しいのは、ソリューションであってソフトウェアでもサーバーでもない。だからそれらを組み合わせて一括で提供するこのサービスはユーザーにとって利便性が高い。

ユーザーのコスト削減事例も多数ある。たとえば大手自動車メーカーは、外向けのウェブサイトにAWSを使ってランニングコストを50％削減した。大手のインターネット事業会社はデータ・ミディアム・ターム解析業務を当初、数1000万円の初期

グローバルのAmazonS3に入っている総合オブジェクト数

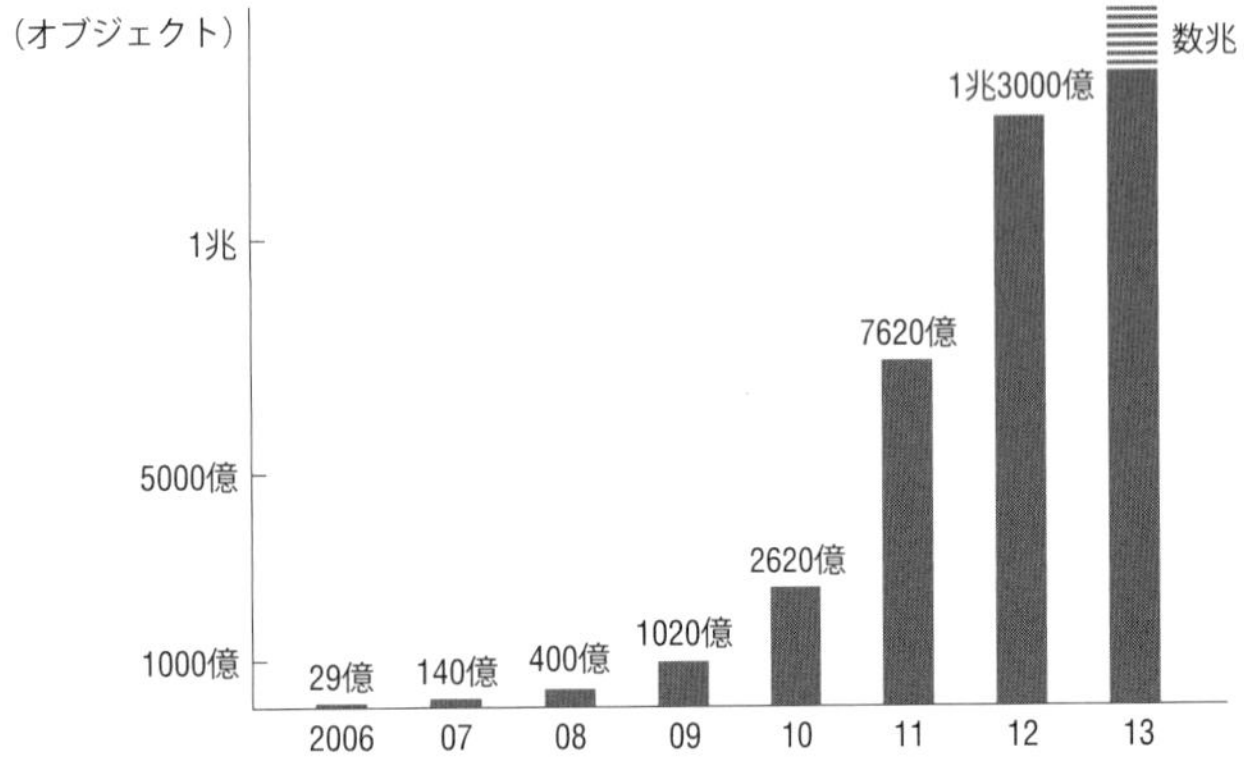

投資で自前のデータセンターを用意する計画だったがそれをＡＷＳに変更し、月額50万円でこの業務を行えるようになった。また大手中古車販売会社はＡＷＳの仮想サーバーを使って車の画像を掲載できるようになったことで、たとえば沖縄で仕入れた車を東京で即日販売することができるようになった。

海外のある大手電機メーカーでは2年間で27億円もの設備投資を削減、運用コストも80％削減した。

調査機関ＩＤＣの分析レポートによれば、平均従業員数2万人以上の10社以上の企業を対象とした5年間の調査では、ＡＷＳユーザーは平均で約70％のコスト削減が実現していた。ＡＷＳを使っている会社は、使えば使うほどＴＣＯ（Total Cost of Ownership,総所有コストのこと）が高まっていく。

コモディティでなくイノベーションで低価格化

最後のポイントは「イノベーションのスピード」。

普通、低料金・低コストで運用コストを下げてお客様にフィードバックすることを追求することは、コモディティ化に向かうことに重なる。最新テクノロジーとは正反対のイメージだ。ＡＷＳはそうではなく、お客様に代わって最新テクノロジーに投資をして、それをできるだけ使いやすい形でサービスを提供することをずっとやってきた。

だから新サービス、新機能の開発速度が非常に早くなっている。

毎年どんどんリリース数は増大している。12年は１５９件リリースした。13年は現時点(13年12月)で、すでに２５０件以上リリースしている。

ほぼ毎日、新しい機能・製品が発表されている形だ。

たとえば「Amazon Simple Storage Service (Amazon S3)」という最も古くからあ

AWSのイノベーションのペース

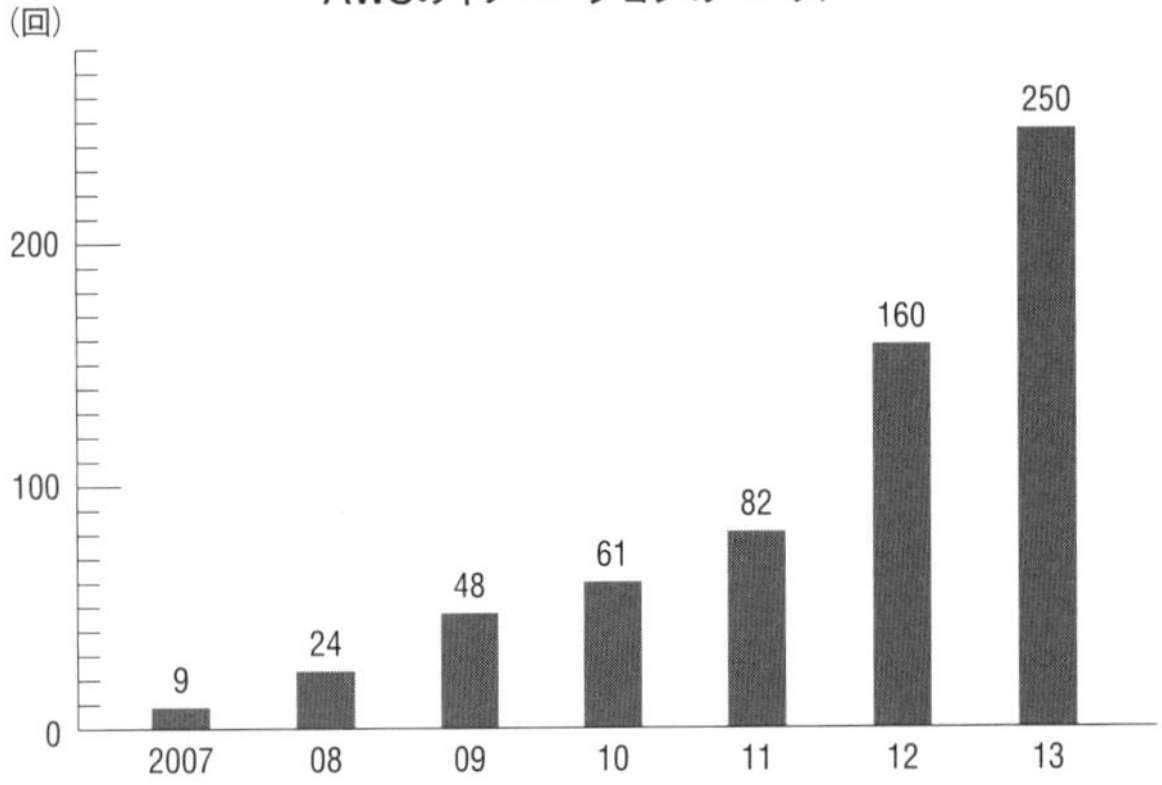

るサービス。いわゆるデータの保存サービスだが、クリックしてファイルアップロードしていただくと自動的に日本国内３カ所以上にデータが保存され、非常に強いデータのバックアップサイトとなる。必要に応じてインターネット上でダウンロードできるので、ファイルをシェアする目的にも使われる。

この仕組みをそのまま使ってファイル保存ビジネスとして世界最大のサイトになった会社もある。そのサイトの仕組みはそのまま、当社の技術だ。

このデータ保存技術に暗号化技術を組み合わせて、国内の大手電機メーカー系の医療システム会社がＣＴスキャナーの画像を保存するビジネスに使っていただいている。これまでは病院内のどこかにストレージ室を作ってデータがどんどん溜まっていくので、保守費用も嵩んで困っていたものだ。そういうソリューション提供のお役に立てるのも、当社のイノベーションがあるからだ。

フレキシビリティ、低価格の追求、イノベーションのスピードで、お客様にいいサービスをどんどん提供することに努めている。

（玉川 憲・アマゾン データ サービス ジャパン 技術本部長 談・文責＝編集部）

玉川 憲

アマゾン データ サービス ジャパン株式会社 技術本部長

略歴 たまがわ・けん　1976年（昭和51年）年生まれ。大阪府出身。東京大学工学系大学院機械情報工学科修了。米国カーネギーメロン大学MBA（経営学修士）修了、同大学MSE（ソフトウェア工学修士）修了。2010年アマゾン・データ・サービス ジャパンに入社しビジネス拡張に参画。

対談

シェアNo.1を目指すには？

伊佐山建志・日本IT特許組合会長（元特許庁長官）

×

安達一彦・日本IT特許組合理事長（インテリジェントウェイブ会長）

対談　シェアNo.1を目指すには？

「とにかく大事なのは世の中の変化、『流れ』を見ること。そこが成否の分かれ目だ」

伊佐山 建志・元特許庁長官
×
安達一彦・インテリジェントウェイブ会長

伊佐山　亡くなった元興銀副頭取の大内俊昭さんから頼まれて始めた、様々な業種のトップが集まる朝の勉強会があって、最近よくトップの人たちから米国の製造業がどんどん盛り返しているという話になる。

安達　米国はシェールガス革命でエネルギー価格が劇的に下がっている。

伊佐山　もちろんそれもあるが、それ以上にＩＣＴ（情報通信技術）が世の中を劇的に変えている。製造業もそれで生産工程がずっと簡素化、効率化しているし、いわゆる「ビッグデータ」の活用もどんどん進んでいる。

或るセミナーで出た話で興味を引いたのは、日立が福島で農業の手伝いをしていると言う。日立にとっては新しいニーズを開拓する必要があるのだろうが、それよりも問題は、このグループの人たちがどこまで今日のＩＣＴの重要性を理解しているか、だと思う。

安達　ＩＢＭはとっくに変わった。医療や農業に大きくシフトしている。

伊佐山　とにかく米国はどんどん変化している。３Ｄプリンター革命もそう。

安達　３Ｄプリンターはもう10万円で買える。

伊佐山　大きな変化が起きていることについての意識があまりにも日本は足りない気がする。

最近、日本から新しい技術革新が出てこない。結局、自動車産業を始めとする製造業は、日本から始まったものではなかった。

安達　日本は改良からだった。でもそこは、日本人が得意なところ。

伊佐山　産業革命の始めは英国だったが、何だかんだ言われても、やはり今の中心は米国。ICT革命でも先頭にいる。しかもこれは東ではなくて西海岸が中心。「シリコンバレー」と言うと、みな抵抗感を持つ。「あんなちゃらちゃらしたところ」と。でもそう言っている人はもうアウト。実際、日本の大手電機メーカーはどこも、あそこに拠点がない。やはり軒並み業績が悪化したことと関係があるだろう。ソニーでさえ拠点はむしろ東海岸だ。

自動車の場合、このシリコンバレーに研究開発拠点としてまずホンダが2004年に出て、次にトヨタ、そしてニッサンが出た。日本の自動車業界はだからまだ強い。そういう流れで産業を見れば、日本のネット関連ベンチャーたちが「俺たちの時代が来た」と思うのは思い上がりだと思う。

安達 ICTが一般化したということ。すべての産業の中にICTがある。

伊佐山 だけど、この中にいてもまだ日本は遅れている。非常に歯がゆい。米国のイノベーションセンター、シリコンバレーは、特許ではもう圧倒的にここから生まれている。日本企業はそこに出て行かない。一番動いているところに。

特許出願で世界トップ5に出て来るのは今やみな米国西海岸の企業だ。

安達 僕は36年前にシリコンバレーにいたのだが、当時はコンピューターの中心はむしろボストンだった。しかし、ゼロックスのパロアルト研究所がシリコンバレーにあり、パーク(PARC)と言って最先端の研究を行っていた。そこでは40年前からもうパソコン・ソフトの原型、ウインドウズのようなものをつくっていた。

このように実はソフトはあまり変わっていない。変わったのはハードウェアだ。

伊佐山　それがネットで繋がれた。コンピューターのネットワーク化はそれまでなかったものだった。

安達　物理的に交換機で制限されていた。それが、通信インフラがだんだん変わり、半導体の革新でコンピューターが通信機能を持ち、超高速な接続ができるようになって価格もケタ違いに安くなった。

伊佐山　それは「ソ連」がいたときにはバリアがあってできなかったことでもある。時代が変化して、今やバリアをなくすことをやらざるを得なくなっている。

安達　全てがグローバルにならざるを得ない。

伊佐山　まだほんの90年代以降の話だ。ソ連がロシアになってから、ここ20年の話。しかもすごい勢いになったのは、ここ数年。

安達　世界の大企業の中にはもう国という概念もない。

伊佐山　大企業はとっくにグローバルだ。だけど残念なことに日本の企業トップの人でそういう認識の人は実は少ない。

安達　だからガラパゴス化する。

伊佐山　自社の製品や技術がグローバルスタンダードになれる時代を迎えていると考えなくてはいけないのに、その意識がまるでない。

安達　一方で、規格や標準化では欧州が強い。ＩＳＯでがんじがらめの規格を作ってしまう。

伊佐山　欧州は自分たちは二番手だと分かっているから、そういう戦略を採っている。米国のものを絶対にグローバルスタンダードにさせないと。

　だから欧州はたいしたことないではなく、欧州は敢えてそういう戦略を採っていると理解しないといけない。

安達　僕はイスラエルにもよく行く。人口５００万人のうち３００万人がユダヤ人、２００万人がアラブ人。その３００万人の中から米国ナスダックに上場している会社が70何社もある。人口は横浜とほぼ同じ。では横浜にナスダックに上場している会社があるか？1社もない。イスラエルにはマーケットがないから最初から発想がグローバル。そこが違う。

伊佐山　自分の息子はシリコンバレーでベンチャーキャピタルのパートナーをやっていた。米国では案件がいいと思ってポンと出すときの単位は10ミリオン＝10億円。これが日本では1億円以下。

安達　上田浩明さんという長銀出身であるベンチャーキャピタルのトップだった方が本を出され、僕のことが出ている。30年前に僕が今の会社をつくるとき、日本で初めてベンチャーキャピタルからお金を集めた。5社ぐらいからやっと1億８０００万円。それでも当時は大騒ぎ。今も日本は同じ状況だ。

伊佐山　以前、事業投資案件で相談を受けたことがあった。こういうことをやりたいが５０００万円必要だ、と。これだと事業が成功しても10倍で5億円。ところが10億円なら10倍で１００億円。これなら投資家に対しても胸が張れる。ビジネスに対する見方が日本と米国ではこれほど開きがある。５０００万円でいいという程度の覚悟ではやはりダメ。中国のほうがよほど米国に近づいている。

安達　そうは言っても日本は世界的に見ても中小企業は地道で健全。

伊佐山　下請けの中小企業で大企業は支えられてきたことは確か。そこが代替わりして変わっていくと思う。

安達　燕三条（新潟県）などでも、当地で有名な洋食器産業が一時、ダメになったが、いまみんなが面白い商品をつくっている。だけどそれはシリコンバレー的なイノベーションとは違う。ニッチな市場で新しいものつくっている。

伊佐山　ニッチでもいいが、世の中の「流れ」を考えてやっていくことが大事。

安達　イトーヨーカ堂創業者の伊藤雅俊さんの講演を30年近く前に聞いた。今はなるほどと思う。３つの目で経営しようと。まず「アリの目」。地べたから見る。次に「鳥の目」。上から俯瞰する。だけど一番大事なのは３つめの「魚の目」だと。それは「流れ」を見ること。それを見ないと失敗する。経営を長くやってきて、そのことがよくわかるようになった。

結論としては、ベンチャー経営者は常に世の中の流れ、変化を見ることが大事、ということで。

伊佐山　とにかく情報に対する感度は鋭くしておくことが肝心だ。

伊佐山　建志

元特許庁長官

略歴　いさやま・たけし　1943年（昭和18年）3月生まれ。静岡県出身。67年東京大学法学部卒業後、71年米ハーバード大学ケネディ行政大学院MPA（行政修士）。67年通商産業省（現経済産業省）入省。貿易局長、通商政策局長、特許庁長官などを歴任。99年退官。2001年日産自動車副会長。07年退社。これまで、大日本スクリーン製造、ルノー、フィデリティインターナショナル等の各非常勤取締役に従事すると共に、米独日企業のアドバイザーも。現在、日本IT特許組合会長。

安達一彦

インテリジェントウェイブ会長

略歴　あだち・かずひこ　1944年（昭和19年）2月生まれ。大阪府出身。67年横浜国立大学工学部卒業後、日本ユニバック総合研究所入社。日本シー・ディー・シー、日本マーク社長、プライムコンピュータージャパン社長、日本タンデムコンピューターズ社長などを経て、84年12月インテリジェントウェイブ設立、社長に就任。2005年2月会長就任。現在、日本IT特許組合理事長。

シェアNo.1の秘訣②

2014年3月10日　第1版第1刷発行

著　者　日本IT特許組合／『財界』編集部

発行者　村田博文
発行所　株式会社財界研究所
［住所］〒100-0014
東京都千代田区永田町2-14-3東急不動産赤坂ビル11階
［電話］03-3581-6771
［ファックス］03-3581-6777
［URL］http://www.zaikai.jp/
印刷・製本　大日本印刷株式会社

ISBN 978-4-87932-097-1
定価はカバーに印刷してあります。